U0546183

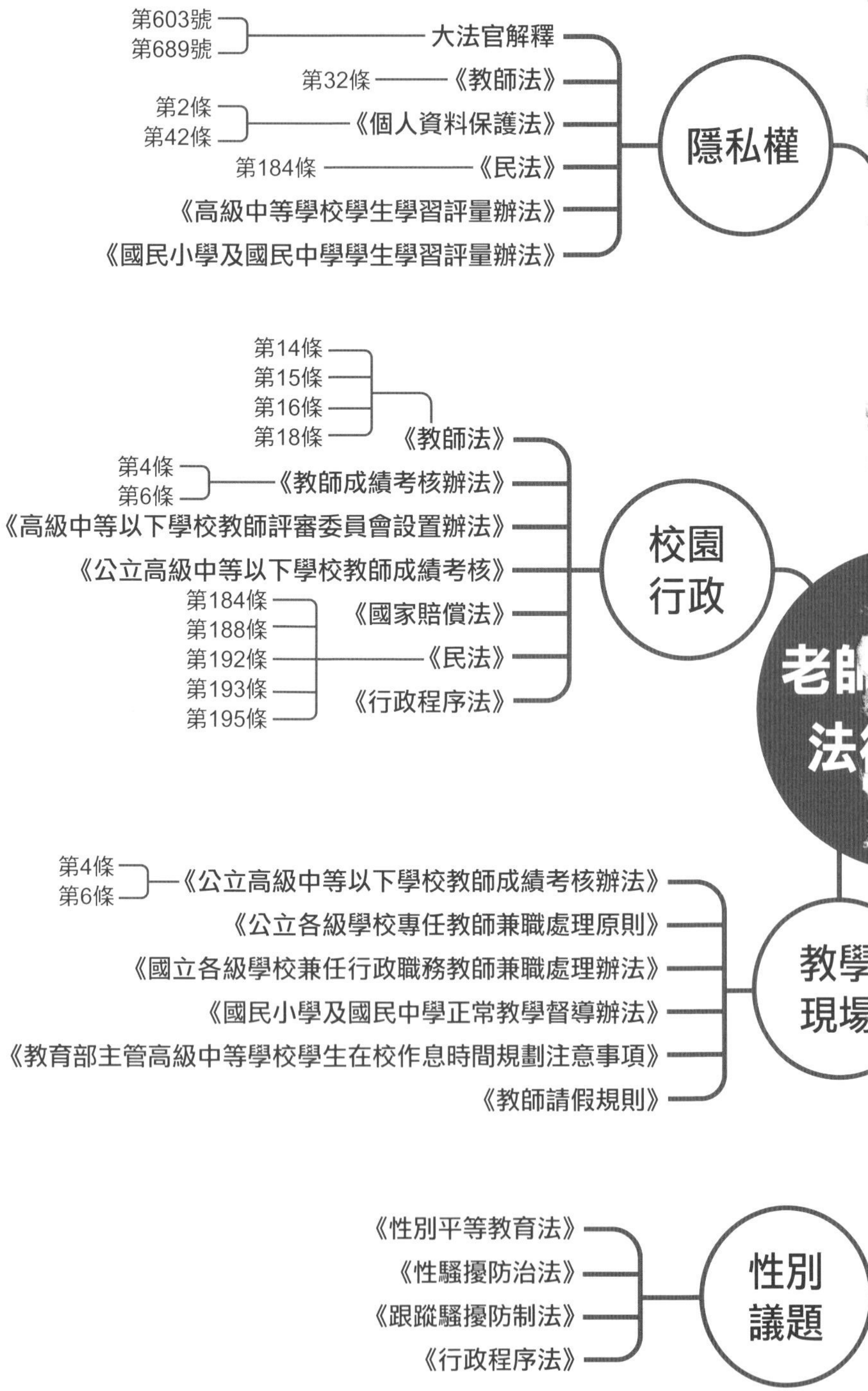
第603號
第689號
大法官解釋
第32條
《教師法》
第2條
第42條
《個人資料保護法》
第184條
《民法》
《高級中等學校學生學習評量辦法》
《國民小學及國民中學學生學習評量辦法》
隱私權
第14條
第15條
第16條
第18條
《教師法》
第4條
第6條
《教師成績考核辦法》
《高級中等以下學校教師評審委員會設置辦法》
《公立高級中等以下學校教師成績考核》
第184條
第188條
第192條
第193條
第195條
《國家賠償法》
《民法》
《行政程序法》
校園行政
第4條
第6條
《公立高級中等以下學校教師成績考核辦法》
《公立各級學校專任教師兼職處理原則》
《國立各級學校兼任行政職務教師兼職處理辦法》
《國民小學及國民中學正常教學督導辦法》
《教育部主管高級中等學校學生在校作息時間規劃注意事項》
《教師請假規則》
教學現場
《性別平等教育法》
《性騷擾防治法》
《跟蹤騷擾防制法》
《行政程序法》
性別議題

必懂的
律常識

- 輔導管教
  - 《學校訂定輔導與管教學生辦法注意事項》
- 體罰與霸凌
  - 《民法》
    - 第184條
    - 第187條
    - 第193條
    - 第194條
    - 第195條
  - 《刑法》
    - 第277條
  - 《學校訂定輔導與管教學生辦法注意事項》
  - 《校園霸凌防制準則》
  - 《兒童及少年福利與權益保障法》
    - 第49條
    - 第97條
    - 第112條
- 言論自由
  - 《憲法》
    - 111年憲判字第2號
    - 112年憲判字第8號
    - 113年憲判字第3號
  - 《民法》
    - 第184條
  - 《刑法》
    - 第309條
    - 第310條
- 班級經營及學生獎懲
  - 大法官解釋
    - 第382號
    - 第684號
    - 第784號
  - 《國民小學及國民中學學生獎懲準則》
  - 《國民中學訂定學生服裝儀容規定之原則》
  - 《高級中等學校訂定學生獎懲規定注意事項》
  - 《高級中等學校訂定學生服裝儀容規定之原則》
  - 《教育部主管高級中等學校學生在校作息時間規劃注意事項》

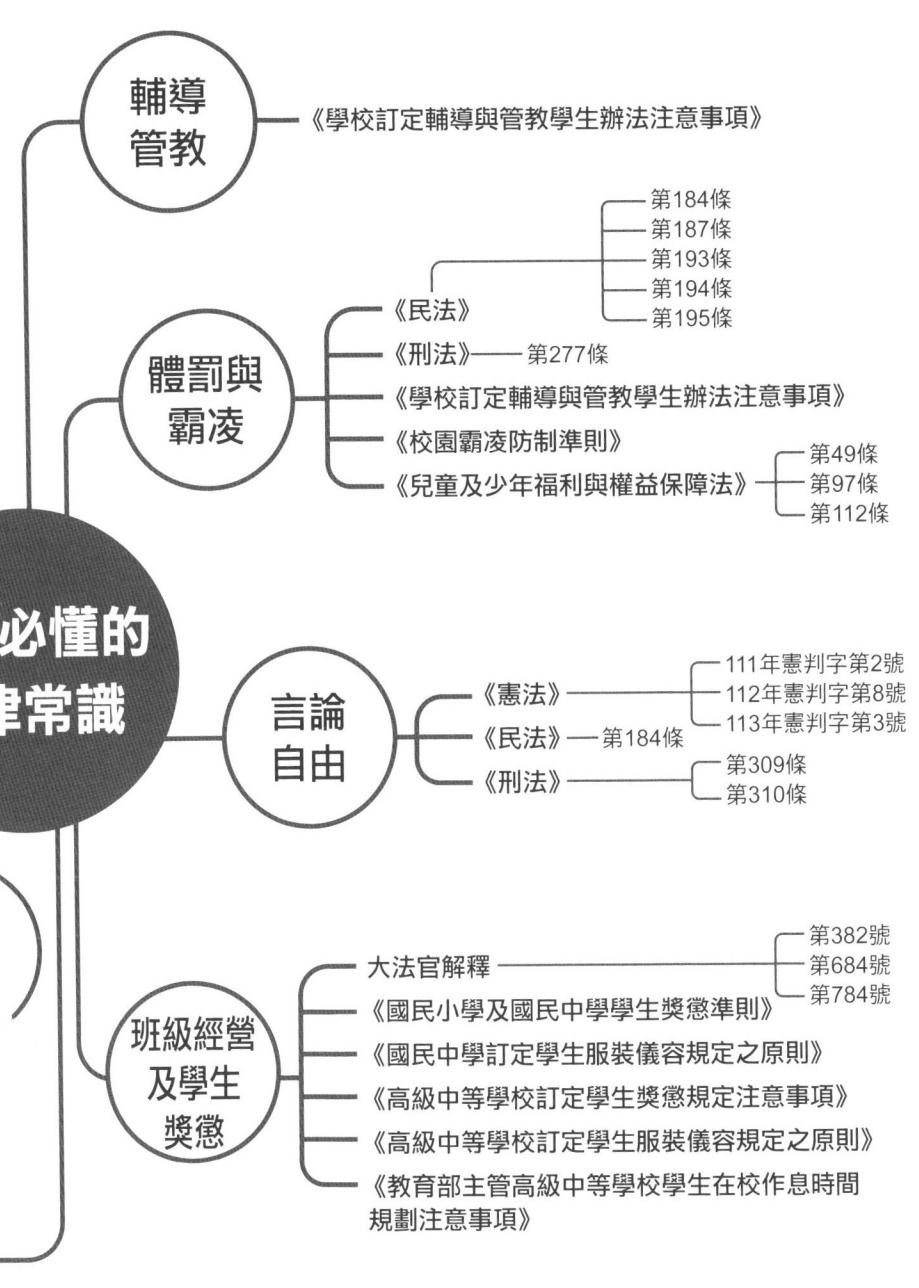

suncolor

suncolor

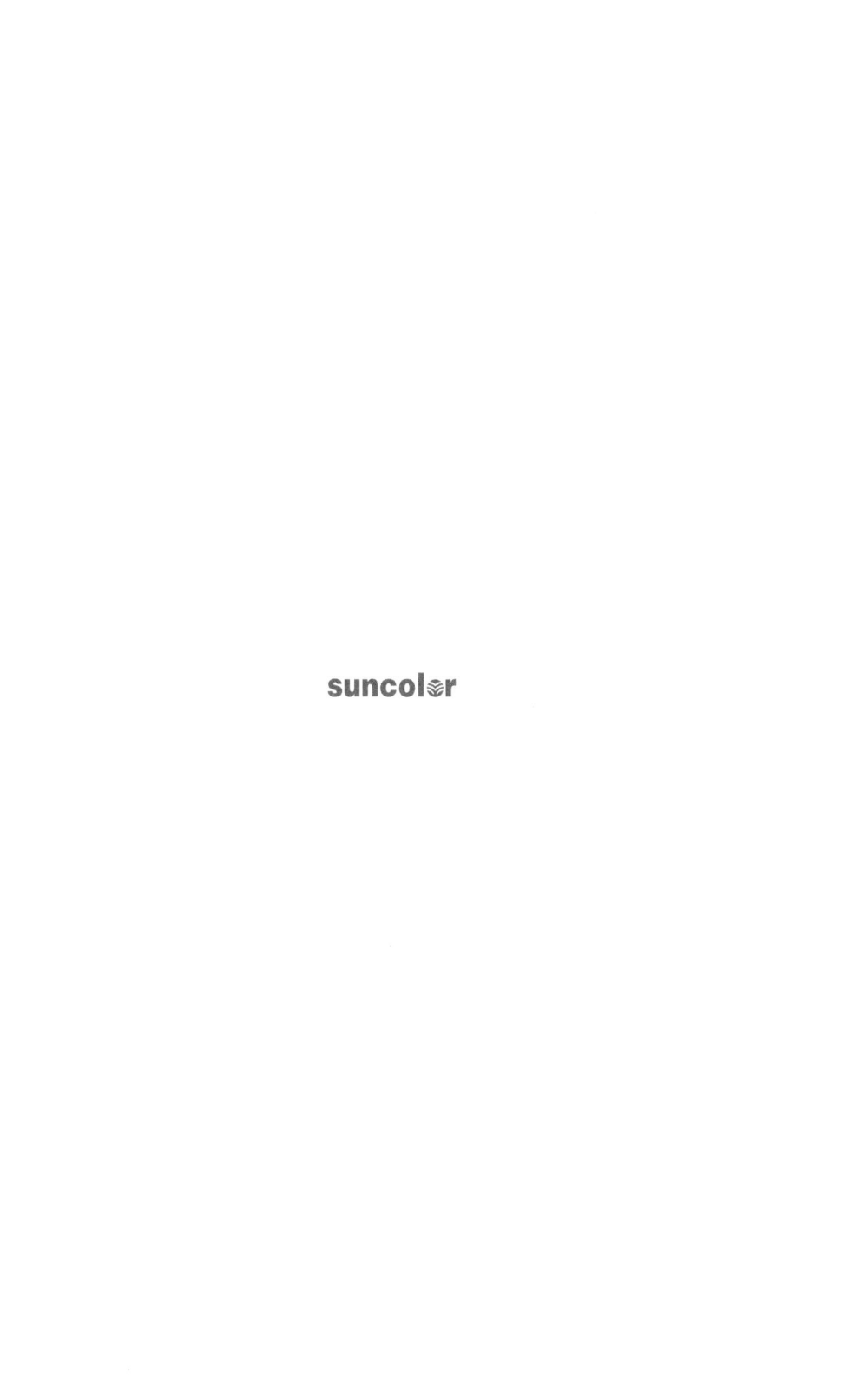

關心學生，竟然官司纏身？

老師才懂老師的辛酸　改善教學環境靠法律

教師專屬的法律諮商室

教師×律師高考及格
吳明潔 著

suncolor
三采文化

目錄

第一篇

現在的教師必學法律嗎？

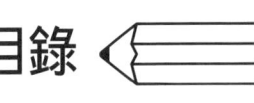

第一部分　教師與學生之間的法律關係

第二篇

資訊素養只在課綱裡嗎？

第三篇

校園該依法行政還是道德勸說？

第四篇

校園中的違法處罰有哪些？

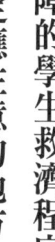

第二部分 校園日常裡的法律風險

第七篇 校園內的性別議題最麻煩？

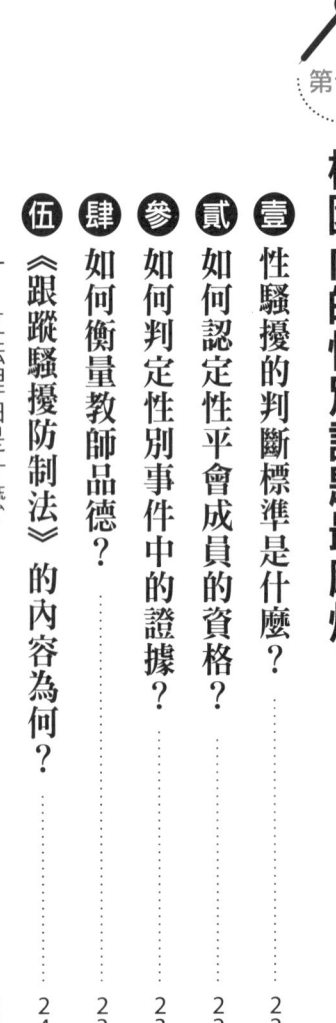

第八篇

教育現場常見的法律問題

第九篇

校園內的行政程序注意事項

專文推薦

依法管教全攻略：教室裡的法律防護網

東吳大學師資培育中心專任教授　李逢堅

法律，是親師生的共同語言

台北市家長協會常務監事　胡語姍

老師要教孩子守法，自己也要學會面對法律風險

新北市立北大國小教師　陳民峰

不是只有教學，更需要法律底氣

自由講師　專業想

量身訂做防護力最強的法律保險

「我的『思』房筆記」版主、高雄市立七賢國中輔導主任　蔡思怡

為了保護學生，老師得先保護自己！

厭世國文老師

（依姓氏筆劃排列）

推薦序

依法管教全攻略：教室裡的法律防護網

東吳大學師資培育中心專任教授　李逢堅

現在是一個依法行政的年代，也是權益意識高漲的時代，加上申訴管道方便快速，常讓教師動輒得咎而備感壓力。教師擔負教育及管教學生之責，但若不慎使用不當方法而被投訴，可能導致身心俱疲，失去教育熱忱；或者，誤解法律限制教師，而放棄管教之責；甚至，不了解法律賦予教師的權限，因此觸法或遭受懲處。無論哪一種情形，都令人惋惜。

本書作者吳明潔老師，擁有教師與法律雙重專業身分。他從事教職多年，長期關注教師法律議題，蒐集真實校園案例逾100則。熟讀本書，教師執行管教職責能避免侵犯學生權利，還能保障自身的權益。

本書案例的選取，包含重大管教事件，如防止學生攻擊他人的阻卻違法、防止自身受傷害的正當防衛作法；重要議題，如性別議題、個人資訊隱私、體罰與霸凌等；校園常見的管教作法，如罰站、罰寫、沒收、搜書包、公布成績、抽查含有生活札記的聯絡簿等的合法性探討。案例呈現法規名稱、條文內容、大法官釋字、法院判決、教育部函釋等，有明確的法律與行政規範，並加以解釋。即使不具備法律背景，也容易瞭解。尤可貴者，在於提供具體作法及判斷依據，讓教師遭遇相關情事時有所依循。同時，許多管教的作法，難以截然二分能做或不能做。本書也提出重要的原則，作為教師執行管教的判斷線索。

本書案例涵蓋幼兒園到大學，適合教育人員閱讀。其中案例以中小學為多，建議中小學教師，尤其擔任導師者詳讀。本書設計主題分類與Q&A形式，採小篇幅編排方式，可以利用忙碌之餘的短暫閒暇時間閱讀，也可作為工具書，於實務現場遭遇問題時隨時查詢解惑。

教師若擔任校內委員，如教評會、教師成績考核委員會等，可從本書瞭解執行程序注意事項；而本書從教師角度介紹執行職務相關的法律，非常適合師資生與師資培育機構的教授們，用以彌補師資生法學知識的不足；另外，對研究教育法學有興趣的研究生或學者，也可以從本書中獲得研究議題。

推薦序

法律，是親師生的共同語言

台北市家長協會常務監事　胡語姍

走著走著，好像回到最初的起點……當時，面對孩子被同學霸凌的我，怒氣沖沖的趕到學校，看到正在啜泣的老師，我反倒不知所措了……等等，不是我的小孩被欺負，怎麼是你先哭？這時好像開始意識到，或許誰都不希望這些鳥事發生。不知道是不是莫非定律作祟，這些光怪陸離的案子仍然防不勝防的陸續登場了。這段時間我擔任校事會議與專審會的調查人員，彷彿一邊梳理自身親師生關係的過往、一邊協助當前親師生關係的需求。本著人心都是肉做的，唯一不同的是各自生命歷程所發展出來的本位主義，有沒有隨著時代的變化，而有所調整？父母愛子女的心我明白，在家裡都捨不得碰他一下，怎麼在學校裡會搞到渾身是傷？那鐵定是學校有問題……的確，這個邏輯看上去真的很有邏輯，但有沒有想過，這麼大間學校已經屹立不搖幾十年，怎麼你的小孩就這樣水靈靈的撞了上去？

換另外一個角度來講，老師也在這裡待了十來年，怎麼也是火急火燎把自己給燒起來？處在夾心餅乾角色的家長，更不可能是其中的贏家，反而隨時都有選邊站的危機。

欣見明潔老師出版這本教師諮詢寶典！不早說！我還曾搞了幾大張的圖示研究半天，要是早點出就更好了！話說回來，很多人都覺得現在大環境的氛圍，搞得學務處好像辦案的衙門，為什麼大家都不願意各退一步、安分一點，不就都沒事了嗎？但天下太平是無常、驚掉下巴才是日常，只是哪個先來誰也不知道，現在好歹知道有「教師專屬的法律諮商室」。

雖然，有可能是像我的小時候——抱著六法就心安、打開就焦慮的感覺。可我要提醒的是，也許眼前必須面對各種對老師的責難與不友善，但凡你只要知道好人還是很多；但凡只要你掌握不違法的分際，根本不用為了這些流言蜚語，而對世界喪失了希望。

還記得在讀研究所時老師曾經分享「英雄旅程」，第一關必然得在平凡世界中跨越第一道門檻，接著迎來冒險的召喚、有苦難折磨降臨、也有盟友與敵人的試煉。雖然被逼到角落，但獎賞也隨之而來，最後，主角復活繼續過著充實的人生。The End！祝福大家！

推薦序

老師要教孩子守法，自己也要學會面對法律風險

新北市立北大國小教師　陳民峰

我是一名教師，曾經多次因為網路與人起爭議，動輒被惡意陳情投訴。114年，家長網路論壇有家長不滿班導師通報性平的行為，我幫同業說明教師無調查權、必須限時通報時，又被憤怒的家長陳情別管閒事。最後演變網路筆戰，對方提告，地檢署認為「『恐龍家長』屬合理評論」、「性平案件、陳情管道之討論符合公眾利益」，個資法、妨礙祕密、公然侮辱與加重毀謗都不起訴，登上新聞版面。

這讓我意識到：如何開庭、如何蒐證、如何查法條，乃至理解法律的構成要件與法律效果。這些都是我在師資培育過程中從未接觸過的知識。

教師往往教學生守法，卻自身沒有面對司法程序的經驗。教師又潔身自愛，往往被通報陳情時，感受到難以承受的羞辱，更無力也不曉得怎樣鼓起勇氣捍衛自身權益。遇過幾個教師朋友，他們可能是沿用前輩的教導，而違反了當今的規範，自覺無辜卻不曉得問題在哪裡。更遇過幾個教師朋友，他們受到行政程序瑕疵，乃至於主管違法，卻不懂得提

告與申訴，早已過時效期間。

本書可謂是教師警鐘，防止我們觸法；也可謂護身符，避免被惡意對待；更是一份說明書，當教師面臨通報或懲處疑慮時，能幫助我們釐清事實、辨識是否受到合理對待。

誠摯推薦這本書給每一位教育現場的工作者。

推薦序

不是只有教學，更需要法律底氣

自由講師　專業想

2012年台灣的合格教師任職率為69.1%，2022年降至57.5%，越來越多修過教育學程符合資格的老師，不把老師作為未來的工作選擇，代課兼課老師者眾，偏鄉校園更鬧教師荒，校園教師被申訴進入校事會議的比例，在2024年後如雨後春筍般出現。

2024~2025我走跳校園上百場的觀察，校園辦學比例變低、辦案比例變高，不實的事實、學生的扭曲、家長的投訴、網友的放大、輿論的壓力、同事扯後腿，最後還要容忍來自各方的壓力，認真辦學用心管教的反而內耗心累，無所用心的反而全身而退，讓更多老師萌生退意。

過去的我先嘗試優化教學技巧、提升班級經營能力、強化心理韌性，身為教師要給孩子機會，覺得站著被學生咆嘯，應該保持溫和冷靜、委屈默默吞下去、不還手不提告才是最佳解，但後來還是會在深夜裡獨自不甘心，心想：為什麼善良與給予機會的助人工作者，要被這樣糟蹋對待？

《關心學生，竟然官司纏身？》一書中，提供了非常多實際的案例，除了讓我有更明確的法律知識，同時也在案例當中療癒曾經吞下苦水的自己。其中，我最喜歡篇章中的教育真心話，讀完會有一種被理解與照顧的感覺。

面對惡質不義的人事，我覺得不能只有教學、班經、韌性，現下的老師更需要具備「法律」的常識，尤其是「教學現場」你可能會碰到，你同事可能會遭遇的各種事件，這是一本保護教育現場工作者的實用好書，我一直相信安頓好自己，才能照顧好別人，當我們懂得更多法律，就能在教育現場更有底氣，祝福這本書讓你內耗降低，教學順心。

推薦序

量身訂做防護力最強的法律保險

「我的『思』房筆記」版主、高雄市立七賢國中輔導主任　蔡思怡

認真備課及授課，卻因為師生觀點不同，感受不同而可能產生誤會，是不是比悲傷更悲傷的故事？

先來科普一下。大家聽過校事會議嗎？當學校接獲家長檢舉教師有不適任的行為，應於受理後七個工作日內，召開校園事件處理會議（以下簡稱校事會議）審議。

對學生來說，校事會議是師生權力不對等的申訴平台，藉由投訴讓不適任教師接受輔導甚至解職；對老師來說，校事會議是還自己一個清白的申冤系統，藉由調查讓不實的投訴沉冤得雪。

在這個大投訴時代，家長透過1999、市長信箱、教育局處，甚至民意代表，好像都能對老師「給予強烈建議」，在教育第一線的老師就好像踩在高空中的鋼索上，動輒被告，怎麼讓鋼索下方防護網的面積及受力足以接住自己？這張防護網就必須由擲地有聲的法律條文及相關觀念穩固交織。

每個老師心中都應該有一把尺……不，一把尺絕對不夠！每個老師心中都應該有防告磁扣，然後渾身布滿結界，只要磁扣嗶嗶響發出警告，立刻停止念念有詞與手邊動作，大腦防護員在你耳邊說：「想起所有更需要你的學生，把重心放回這些孩子身上！」

好的，吳明潔老師已經幫大家量身訂做了防護力最強的防告磁扣，買下它，閱讀它，消化它，實踐它，我們就可以幫自己買下這份當前急需的法律保險喔！

推薦序

為了保護學生，老師得先保護自己！

厭世國文老師

要保護自己，光有愛是不夠的，你還得懂如何「用法律說話」。

過去的課堂裡，教師被授予相對強大的力量，能夠用粉筆劃出道德與秩序的界線；而現在這條粉筆線已經被塗抹掉了，重新繪製成另一種圖像，同時也是另一種遊戲規則。那是一張註記權利與義務、責任與風險的說明書——你可以關心，但不能越界；你可以提醒，但不能冒犯；你可以作一個溫柔的引導者，但很難成為嚴格的懲戒者。

那種由社會共識支撐的默契，逐漸轉變為訴諸證據與條文的規範。因此，老師除了是知識的傳遞者，也得是規則的實踐者，在每一次與學生的對話、每一則傳給家長的訊息，還有每一節課堂的教學內容，都必須使用教育的語言與法律的文字思考。

《關心學生，竟然官司纏身？》這本書，正是一本讓教師能夠學會「用法律說話」的工具指南，書中列舉教育現場最真實的衝突場景：行政爭議、教學糾紛、班級管教，還有語言互動，提供了可操作的判斷流程與清楚的行動建議。

我們總以為，只要沒有惡意，就不會有問題；只要有愛，就能解釋一切。但很抱歉，在現代社會中，你沒有犯錯的意圖，也可能有責任；你充滿教育的熱忱，一樣會碰觸法律的紅線。事實上，法律不是要讓老師變得冷漠，而是讓我們知道：什麼可以做、什麼該避開、什麼值得堅持，以及如何做才安全。

法律不該成為利劍，而應是指南針，你需知道何時舉起它。

當教師越是清楚地認識法律，越是可以避免不小心違規的恐懼，同時建立專業的自信心，進而降低人與人之間的衝突。

是的，你得先知道自己在法律上是對的，才有足夠的餘裕去選擇理解他人。

第一篇

現在的教師必學法律嗎？

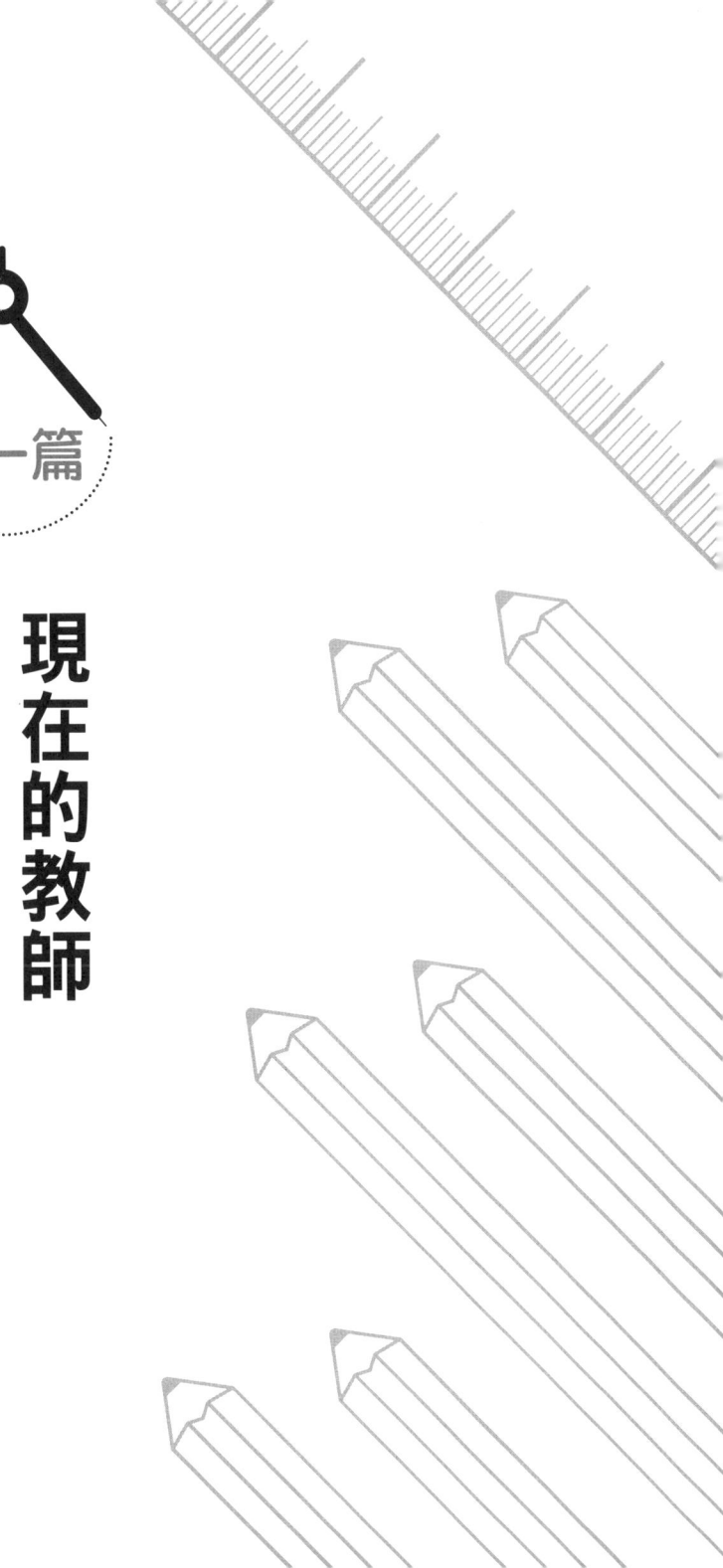

嘿啊！教師現在必須學習法律，因為不再是「天地君親師」了。

過去，教師被視為社會中的權威角色，享有極高的地位。然而，隨著時代變遷，教育現場的角色與社會期待也發生了變化。如今，教師的職責不僅限於教學，還涉及與學生、家長及社會的多重互動，甚至被視為一種服務性職業。這種期待的轉變，往往使教師感到無力與困惑。例如，過去某些被認可的管教方式（如體罰），如今已明確被法律禁止，這不僅反映了法治觀念的進步，也與教育政策的調整息息相關。

面對這些轉變，教師若不熟悉相關法規，可能會在處理學生行為、家長溝通及校務管理時感到無所適從。因此，我們不能只依賴過去的經驗，而應積極理解現行法律，讓自己在專業發展的同時，也能確保教學的合法性與安全性。唯有提升自身的法律素養，才能為學生與自己提供更好的教育環境！

所以，我們不能再活在自己的舒適圈，一起來學法律吧！

壹 教師應該具備哪些法律概念？

一、因應時代而生的遊戲規則

去年看了日劇《極度不妥》，劇中的大叔從昭和（1986年）穿越到令和（2024年），他在昭和時代正常的說話和做事方式，到了令和卻被認為不雅、歧視，甚至必須改變。這讓我想到，教育環境和觀念也是這樣，時代變了，標準也跟著改變。過去的方法不一定不好，現在的方式也不見得比較好，但我們這一代的教育工作者，千萬不能忘記，這個時代有它的「遊戲規則」，我們可以不習慣、不認同，但不能不遵守，因為違反規則，就會出問題，而這個遊戲規則就是——法律。

進入本書正題之前，容我先幫各位教師建立一個大型的架構，以便後續閱讀。教師通常會因為三種情況陷入紛爭，依結果大致可分為兩大情況，一是會影響教師身分，例如解聘、不續聘，二是不會影響教師身分，但有懲處或暫時離開學校等不同處置。我們以下圖來幫各位教師建立「大型」的思考架構：

▼圖1　校園法律事件判斷流程

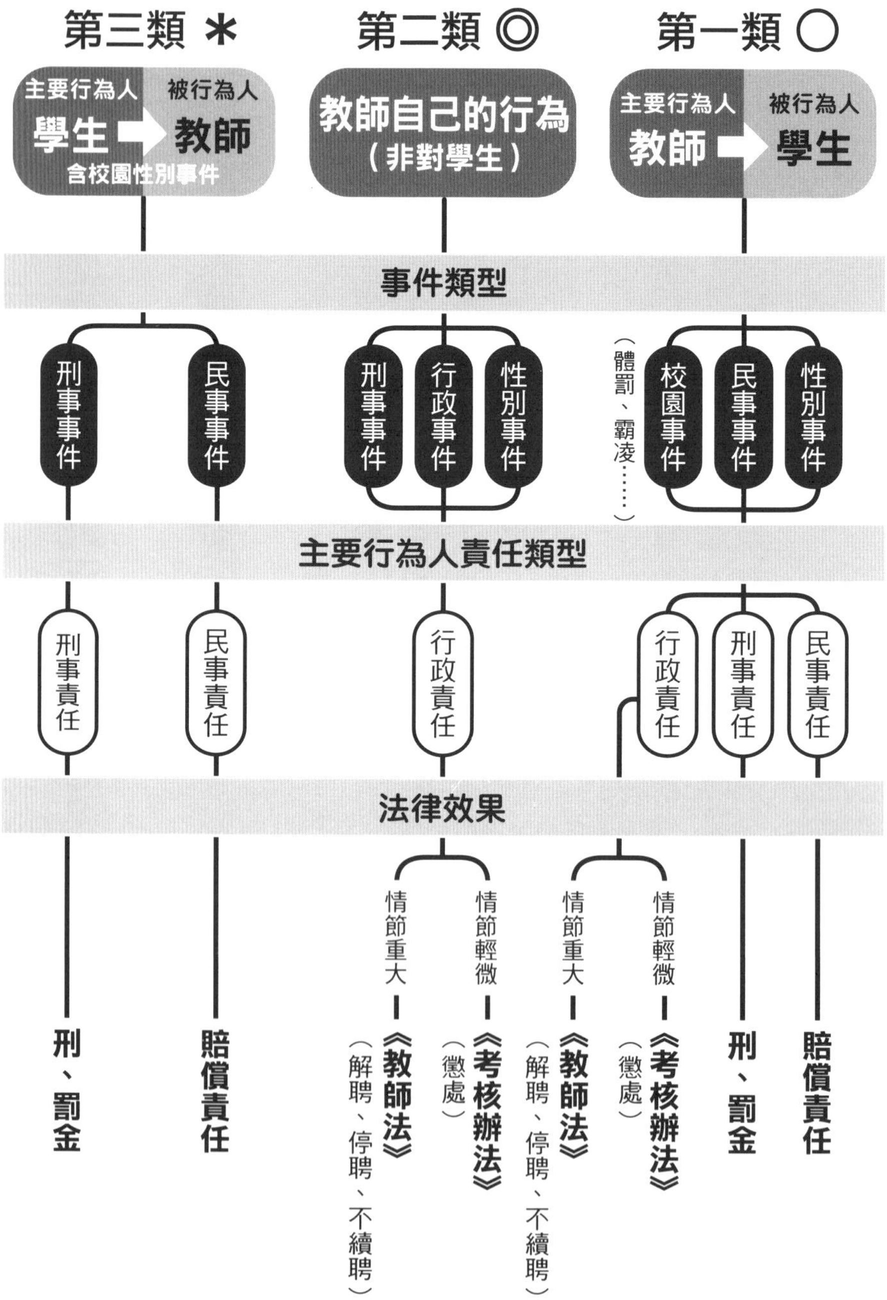

從圖1可以讓各位教師建立一個思考步驟：透過「誰」及「事件／行為」，就可以知道後續的路徑及最終的法律效果。

此架構總共分成三個類別，第一類是教師對學生的行為，第二類是教師自己的行為，第三類是學生（家長）對教師的行為。為了幫助大家分辨，後續的事件內容均會以「○」表示第一類；以「◎」表示第二類；以「＊」表示第三類，同時也利於教師們判斷事件中的法律關係。至於有些事件無法分類，通常是用來解釋某一個法律概念或問題，則會以「※」標記。

幫大家初步建立起大架構後，接下來我們開始「細談」相關的內容囉！

二、構成校園法律事件的條件

當一個符合法律行為的事件發生後，教師們應如何初步判斷這個行為相對應的可能責任呢？

第1步：確認「行為」是什麼？

法律規範的是「行為」，不是「想法」，規範什麼應該做？什麼不應該做？以及違反此義務後，會有什麼法律效果？首先，我們先來看看法律條文的型態（就是它的結構）：

法律條文＝「構成要件」＋「法律效果」

構成要件：規定什麼該為？什麼不該為？

法律效果：違反「該為而不為」以及「不該為而為」的行為後，會有什麼結果？

例一 教師請假、公假或休假，應填具假單且經學校核准後，始得離開，如果違反（**該做卻沒有做**），除曠職外，也可能對於平時考績產生影響（**法律效果**）。

例二 教師如果「體罰或霸凌學生」（**不該做卻做了**）其行為不符合《教師法》規定，嚴重情況會解聘並永久不得擔任教師（**法律效果**）。

第2步：「誰」做了這個行為？

行為不會無緣無故發生，一定是由「人」所造成的。因此，在判斷一個行為是否違反義務時，不僅要分析行為本身，還必須確認「誰」做了這個行為。只有明確行為人，才能對應適用的法律規範❶，進一步判斷應承擔的責任。

例一 新北地區就讀國中的小豪持摺疊刀傷害同為國中生的冠澤，造成冠澤過世。此例「行為」是拿出摺疊刀傷人，但是因為小豪為未成年人（**身分別**），從《刑法》的角度來看，十二歲以上，未滿十八歲的學生就必須先適用《少年事件處理法》。

例二 校園中發生教師對學生的性別事件，因為行為人之一是學生，優先適用《性別平等教育法》等規定；若為教師對教師之間的性別事件，視情況則適用《性別平等工作法》或是《性騷擾防治法》。

所以，「誰」很重要！如此才能判斷應該要如何尋找適用的規定。

第3步：適用哪些「法令」規定？

確定「行為」與「行為人」後，接下來就要查找相關的法律或命令，判斷該行為是否合法。法律適用的基本步驟是「從具體到抽象」，也就是說，如果有明確的規定（如法律、命令或教育部的函釋），就直接適用這些具體規定。

如果沒有，就要尋找類似的法律條文來適用。因此，判斷適用法律時，不會直接從《憲法》或《國際公約》開始，而是先從更具體的法規著手。

第4步：初步認定「責任」是什麼？

如果一個行為違反了法律規定的義務（無論是應該做卻沒有做，或是不該做卻做了），就必須承擔相應的法律責任。在法律領域，責任大致可分為三種類型：民事責任、刑事責任和行政責任。不同類型的責任對應不同的法律後果，影響範圍也各不相同。

民事責任

民事責任是指因違反民事法律規範而需承擔的責任，這類責任主要建立在「當事人雙方」之間。舉例來說，在侵權行為中，如果行為人侵害了被害人的權利（例如傷害他人身體或損壞他人物品），責任關係便存在於行為人與被害人之間。此時，行為人須依法賠償或負起其他相應的民事責任。

刑事責任與行政責任

行政責任與**刑事責任**比較特殊，因為它們的責任關係是建立在「國家／政府機關」與「人民」之間。如果人民違反了《**行政法**》**上的義務**，國家就會對其處以行政處罰，例如超速違規被開罰單。同樣的，如果人民違反了《**刑法**》**上的義務**（例如傷害他人），國家則會依法追究刑事責任，可能面臨徒刑、拘役或罰金等刑罰。

原則上，這三種責任是可以並存的。例如當教師對學生為強制性交行為時，教師此時會有下列三種責任：

1. **民事責任：**是教師對學生。教師侵害學生的身體、健康、人格權等民事權利，此時亦必須承擔民事上的損害賠償責任。
2. **行政責任：**是學校對教師。教師的行為違反《教師法》賦予教師的「不可為義務」，故此時必須承擔被解聘而永久不能當教師的責任。
3. **刑事責任：**教師違反《刑法》強制性交罪，國家對教師可以處以有期徒刑。

第5步：當責任產生時，通常有多久的「追訴」期？

※事件1　已經事發10年以上的事情，我還必須負責嗎？

教師建宏被檢舉，指稱他在18年前對學生有疑似性騷擾及性侵害的行為。學校接獲檢舉後，通報當時建宏任職的國小，該校決定受理並組成調查小組進行調查。最終，調查結果認定建宏確實有相關不當行為，因此學校決議將其解聘。

法院怎麼說？

根據教師法第14條規定，學校有權終止聘約，此規定的主要目的是保障學生的受教權，而非對教師的懲罰。因此，這類案件不能類推適用公務員的「10年追訴時效」規定。換言之，只要學校在聘約存續期間內做出解聘決定，即符合法律規範，屬於合法處置。

教育真心話

違法行為的追訴期間有多久？

如果教師的違法行為涉及解聘、不續聘或是懲處，關鍵在於「聘約期間內，學校是否依法處理？」只要在聘約存續期間內解聘、不續聘或是懲處，都是合法的。至於其他校園內常見的違法行為而負擔的相應責任，若超過時效才提出，通常就不會受理了，但不影響《教師法》產生的行政責任。民事及刑事責任追訴期如下❷：

民事侵權行為（如妨害名譽、體罰等）：需在行為發生後兩年內提出。

刑事告訴乃論之罪（如傷害、誹謗、公然侮辱等）：需在知道行為人後六個月內提出。

❶第一種是「重複」規定的特別法：例如《刑法》不處理14歲以下的兒童，而14～18歲則必須負擔部分刑事責任，同時也有《少年事件處理法》規定因為少年的情況而有不同的對待，這樣子就要先看《少年事件處理法》，沒有規定到的再回來看《刑法》。第二種是「不重複」規定的特別法，例如《刑法》與《教師法》規定不重複，就可以同時適用。

❷如果退休後，教師被發現在職期間有性別事件而被判刑確定時，退休金是會被追繳的，參考公立學校教職員退休資遣撫卹條例第80條。

貳《教師法》是一把雙面刃？

一、專門規範教師的特別法

當教師的行為違反法律以及社會期待時，除應負的民、刑事責任，還必須承擔特別對教師身分規範的行政責任。而教師會陷入《教師法》窘境的情況原則上有兩種：

第一種是教師對學生的行為：當教師的行為對學生產生負面影響（如體罰）並經過學校依法定程序調查確認屬實，且確定違反相關法規時，教師需要承擔民事或刑事責任。同時，學校也可根據《教師法》或《成績考核辦法》對教師追究行政責任❸。

第二種是教師自己的行為：此行為不涉及學生，是教師本人的行為因違反《教師法》或「相關規定」而應負相關「行政」責任❹。

這兩大類行為對應的即是《教師法》中最重要、影響對深遠的第14、15、16、18等四條，接下來我們就概述一下這四條最需要注意的內容吧！

二、《教師法》中最重要的三個條文

跟教學無關卻影響深遠的三個條文，也就是14、15、18等三條，可以分成解聘離開或是停聘暫時離開等兩大類。

1. **教師法第14、15條：必須終身離開職場或是僅1～4年不得擔任教師。**
2. **教師法第18條：「暫時」離開職場6個月到3年後再回來教書**[5]。

教師法第14、15、18條的構成要件還算明確，只是其中都有「行為違反相關法規」[6]的規定比較令人疑惑，什麼是行為違反相關法規？我們先來看看幾個實際例子。

◎事件2　教師偽造文書、詐欺不只違反刑法，還需另以「行為違反法規」處置？

- **實例1　記錄不實**

經學校開校事會議調查後，確認建宏有以下四項行為：一、未實際授課卻在學校家長會動用支經費請示單；二、在印領清冊上登載未實際授課的日期，藉此支領鐘點費；三、墊付外聘教練鐘點費卻未完全支付；四、以不實簽到退紀錄支領鐘點費。

- **實例2 偽造文書與侵占公益捐款**

建宏利用職務之便偽造文書並侵占公益捐款，明知清寒獎助學金的目的是為了鼓勵家庭困難且學業優秀的學生，卻藉由不知情的職員和教師，讓多名學生在其偽造的清冊上簽名，進而詐取財物。

- **實例3 詐欺與變造私文書**

建宏因犯詐欺取財罪及行使變造私文書罪，經法院判決有期徒刑1年2個月，緩刑4年。學校在召開校園事件處理會議後，認定建宏的行為包括詐領交通補助、不當申請延長病假並詐領延長病假薪資，均為長期故意的行為，並已觸犯《刑法》中的行使變造私文書罪及詐欺取財罪，且經司法機關查證屬實。

實例4 違反善良風俗

建宏因持有及施用第二級毒品，並經裁定送至勒戒處所，判決已確定。學校召開教評會，審酌建宏的行為違反現行法令及善良風俗，且該行為已被查獲五次，決議依據《教師法》規定予以解聘，並決定在未來三年內不得再聘任為教師。

教育真心話

這四個例子均符合教師法第14、15、18條中所規定的「行為違法相關法規」，只要教師的行為違反《刑法》或刑事相關法規（毒品、幫派），且其違法程度達到社會通念❼認為其不再適合擔任教師的標準，即可依此處置。同樣的，教師若違反涉及性別事件等行政規定❽，也應依相同原則處理。至於違反民事法規的行為，例如欠款、外遇❾、離婚等，則屬於個人私領域的事宜，並不會成為解聘、停聘或不續聘的依據。

三、何謂教學不力與違反聘約情節重大？

教師法第16條內容有「教學不力」與「違反聘約情節重大」兩個部分，我們接下來了解一下這兩個部分的規定內容吧！

1. 教學不力

◎事件3　教師不只要好好教書，還要注意親師溝通！

學校收到反映建宏可能在教學上有失當行為的消息，並進行調查。經過調查後，學校認為建宏以培養學生語文素養為理由，卻沒有教授國語生字，也沒有解釋圈詞的意思；數學課本上的練習題大部分讓學生回家自行完成，或是由安親班老師幫忙對答案，甚至有些學生不會的題目，只能請哥哥姊姊幫忙。建宏在課堂上大多是講解輔助教材和國語隨堂練習，且上課進度緩慢。學校因此認定建宏的教學行為不當，並且明顯損害了學生的學習權益。

此外，班上有兩名學生在安親班使用美工刀並恐嚇其他同學，聲稱要殺了他們。建宏在幾天後才通知班上家長此事，並請家長到校溝通協調，會議持續超過一個小時，但家長仍未能清楚理解建宏想表達的重點。建宏與家長討論許多與事件無關的細節，最後甚至說：「事情發生在哪裡和怎麼發生的都不重要！」最終，建宏因處理不當，被記了兩支申誡。

教育真心話

為了具體判斷何謂「教學不力」，教育部有一個函釋⓾說明：

教師法第十六條第一項第一款所定教學不力或不能勝任工作有具體事實，指教師聘任後，有下列各款一款以上情形，且其情節未達應依教師法第十四條或第十五條予以解聘之程度，經就相關之各種具體事實綜合評價判斷，而有予以解聘或不續聘之必要者：

1. **不遵守上下課時間，經常遲到或早退。**
2. **有曠課、曠職紀錄且工作態度消極，經勸導仍無改善。**

3.以言語、文字或其他方式羞辱學生，造成學生心理傷害⓫。

4.體罰學生，有具體事實。

5.教學行為失當，明顯損害學生學習權益⓬。

6.親師溝通不良⓭，且主要可歸責於教師。

7.班級經營欠佳，有具體事實⓮。

8.於教學、輔導管教或處理行政事務過程中，消極不作為，致使教學成效不佳、學生異常行為嚴重或行政延宕，且有具體事實⓯。

9.在外補習、違法兼職⓰，或於上班時間從事私人商業行為。

10.推銷商品、升學用參考書、測驗卷，獲致私人利益。

11.有其他教學不力或不能勝任工作之具體事實。

以上11種情況是教育部用來判斷教師是否教學不力的標準。然而，需要注意的是，教師的行為必須是「故意」且具有「持續性」的，才能被認定為教學不力。如果只是「一次性」的失誤或偶發事件，則不能視為教學不力。因此，教師若在教學上出現問題，並不代表立刻就會被解聘或強制離開。

如果教師的行為確實違反了第16條規定，仍然有機會進入輔導期，透過輔導進行調整和改善，而不是直接請教師離開校園。這樣的制度設計也體現了《教師法》的精神之一——保障教師的工作權，讓教師有機會自我調整。

2.違反聘約情節重大

◎事件4　請長假休養不來上班，卻在校外兼職！

建宏以「持續性憂鬱症」為由申請病假、延長病假休養，並再以「照顧年邁父親」為由申請扣薪事假，卻在請假期間擔任三個不同單位的課程講師，涉有虛偽請假的情況。同時學校發現建宏亦有曠職、未經核准就擔任大學研究計畫共同主持人、樂齡學習中心擔任講師，也在個人公開履歷載明提供家教、中英文寫作教學等服務項目，以及相關收費標準等情形。這些行為均顯示出建宏在請假期間的虛偽行為和未經授權的工作。

最後學校以建宏在聘任期間長期未到校出勤授課，並於請假期間參與校外研究計畫，且多次至校外擔任課程講師，經查證屬實，另有多日曠職紀錄，涉有教師法第16條第1項第2款所定違反聘約情節重大的事情，決議不予續聘。

教育真心話

教師每隔一段時間會簽訂聘約，可能是初聘、續聘或長期聘用，但許多人未必會仔細閱讀其內容。其實，聘約不只是學校與教師之間的合約，更會影響教師的權利與義務，除了需遵守法律規範，也要依據雙方約定的條款執行。一般來說，聘約中最常見的兩個重點：是否擔任導師（《教師法》有相關規定），以及是否擔任行政職（《教師法》未明確規定）。

教師是否有義務擔任行政職？現行法律沒有強制要求教師擔任行政職，也沒有明確保障教師可拒絕，因此這部分通常由聘約決定。換句話說，聘約的內容很重要，因為它規範了教師的職責與工作安排，若教師未注意條款內容，可能會在日後產生爭議。

若教師選擇不擔任導師或行政職，通常不會因此被解聘，除非聘約有明確規定，且違反程度達到「情節重大」，話雖如此，但可能會影響年度考績，因為考績是學校根據教師的工作表現與實際狀態進行評估。因此，雖然法律沒有強制要求，但教師仍應仔細確認聘約內容，以保障自身權益。

四、刑事無罪卻被行政解聘？

教師無論是對學生的行為還是教師本身的行為，都可能涉及民、刑事法律責任，教師也必須依《教師法》承擔相應的行政責任，例如在涉及學生的性別事件時，可能面臨調查與處分。但是否有可能在承擔行政責任的同時，卻不需要負擔刑事責任呢？舉例來說，若教師因《教師法》相關規定被解聘，但在刑事案件中最終被判無罪，這樣的情況是可能發生的。

◯事件5　導師刑事無罪，但是卻被解聘確定。

建宏被控11年前邀班上小五的女學生看A片，並拉下自己的褲子讓女學生碰觸自己的生殖器，後經地檢署以對未滿14歲女子的猥褻行為起訴，一審判決建宏無罪，檢察官上訴後被駁回，建宏無罪定讞。但同時建宏因地方政府調查屬於性騷擾行為且情節重大而被解聘，經過行政法院駁回後建宏解聘確定，雖然刑事法院判決無罪，但建宏也無法因此回復教職。

教育真心話

我國的法院制度採雙軌制，分為普通法院（處理民事與刑事案件）和行政法院（審理公務人員、政府機關等相關爭議）。不同性質的案件，會由對應的法院審理，且兩者的判決互不影響。換句話說，即使普通法院認定某人無罪，行政法院仍可能基於行政法規，作出不利當事人的決定。例如：教師若因爭議行為被提告，但普通法院判決無罪，行政法院仍可能依《教師法》規定，認定其行為不當，進而裁定解聘。因此，會出現「刑事無罪、行政解聘」的情況，這往往讓當事人感到無奈與遺憾。

然而，高雄高等行政法院⑰採取了另一種做法，即先暫停教師解聘案的行政訴訟程序，等待相關的刑事案件審結後，再依據判決結果來判斷解聘是否合法。這樣的做法有助於降低「刑事無罪、行政解聘」所帶來的無奈與遺憾，確保行政處分的公平性。

❸此時按《高級中等以下學校教師解聘不續聘停聘或資遣辦法》規定，判斷教師行為對學生傷害的輕重，需考量以下四個判準：「對學生身心造成之侵害程度」、「對學生之侵害行為應受責難程度，包括故意、過失、悛悔實據及其他相關因素」、「對學生侵害行為之次數、頻率、行為手段、重複違犯及其他相關因素」、「是否存在阻卻違法事由？」。

❹此時可以考量釋字第702號的理由：我國素有尊師重道之文化傳統，學生對教師之尊崇與學習，並不以學術技能為限，教師之言行如有嚴重悖離社會多數共通之道德標準與善良風俗，若任其擔任教職，將對眾多學子身心影響至鉅；其經傳播者，更可能有害於社會之教化。

❺畢竟教師也是一份工作，在終局停聘期間，因為沒有薪水但必須維持家計時，教師可以從事其他的工作來維持自己或是家庭的生活嗎？依教育部111年4月6日臺教人（三）字第1110028590號書函中說明「依教師法第18條、教師法施行細則第7條與第14條第1項規定，有關受終局停聘之教師於停聘期間不發給待遇，除不得在任何學校從事兼任、代理、代課及其

他教學或輔導工作外，可以另外找尋工作以獲得薪水收入維持生活」。

❻規定在教師法第14條第1項第11款、第15條第1項第5款，以及第18條第1項。

❼社會通念通常是指社會中大多數人對於同一件事情的共同觀念、看法或認知。

❽校園中常見違反性別規定（非性侵害、性騷擾、性霸凌等行為），例如：知道疑似性騷擾沒有通報、發生師生戀行為，或是在性別事件中沒有保密（參考最高行政法院106年度判字第221號判決）等，這些行為都是符合行為違反相關法規。

❾若教師因職務之便的關係而與家長發生外遇，是會被停聘的（參考高雄高等行政法院高等庭第三庭113年度訴字第411號判決）。

❿教育部民國109年11月11日臺教授國部字第1090126278B號令。

⓫此第3款的內容可能是一次性的，沒有限定一定要持續性，例如一次性的言語暴力。

⓬包含：針對課程內容無法清楚表達課程內容、不合邏輯性且沒有系統性的教授課程、沒有適當的教學策略、沒有公平的評量規準、無法掌握授課進度……等。

⓭與家長保持溝通是導師的職責之一。但我們都知道，有些家長實在難以溝通，以至於教師不論使用任何的方法，都無法有效溝通，此時就不能將親師溝通不良歸責於教師，因此不符合此條款。

⓮班級經營是指教師為鼓勵學生參與班級事務、營造良好的班級氣氛、凝聚班級向心力等行為。但如果教師班級經營行為的結果是讓班上同學彼此敵視對立、班級環境髒亂、班級秩序混亂而無法管理，此時就可以歸責於教師。

⓯如在課堂教學無法掌握學生學習狀況，對於課堂中吵鬧學生無法予以管教，以至於影響到其他認真學習的學生等。

⑯此指教師違反《公立各級學校專任教師兼職處理原則》的相關規定。

⑰參考高雄高等行政法院高等行政訴訟庭第二庭112年度訴字第362號裁定。節錄內容如下：有民事、刑事或其他行政爭訟牽涉行政訴訟之裁判者，行政法院在該民事、刑事或其他行政爭訟終結前，可以裁定停止訴訟程序。這個立法目的是若有民事、刑事或其他行政爭訟，雖然不是行政訴訟裁判之前提問題，但如果對行政法院判決結果有影響者，行政法院仍得在該民事、刑事或其他行政爭訟終結前，裁定停止訴訟程序。本院衡酌教師是否違反《教師法》上開規定，其相關事實認定及證據取捨與上述刑事訴訟程序審理結果相涉，具有高度關聯性，為免裁判歧異及重複調查之勞費，認有停止本件訴訟程序之必要。

本篇重點法條

《教師法》：第14、15、16、18條

《教師成績考核辦法》：第4、6條

第一部分

教師與學生之間的法律關係

教師這個職業，對多數人而言也許是個穩定工作的選擇，有些人可能是受到家庭背景或生涯安排影響。但我相信仍有不少人，因為相信教育的力量，而願意投入其中。這樣的教師，往往對學生懷有更多期待與關心，期盼孩子不只學到知識，更能建立正確的價值觀與生活態度。

學校是社會的縮影。教師在其中的角色，除了傳遞課程內容，更承擔著陪伴學生成長的責任。我們希望每位孩子都能在離開學校時，帶走同理、尊重、責任等基本素養。這分心意是真誠的，但在現實中，有時卻可能因為界線拿捏不當、方式處理不周，讓原本的善意變成壓力，甚至造成學生的傷害。

許多教育現場的爭議，正是始於這種落差。教師未必知情自己已觸犯法規，或未察覺學生的感受產生誤解。一場對話、一個舉動、一段管教，若沒有足夠的法律意識與敏感度，就可能演變成無法預料的投訴與責難。

接下來各篇章所呈現的案例，相信多是教師出於善意，卻不慎違規的情境。我們希望透過這些故事，讓教師更理解相關規定，提升自我保護的意識，也讓教學熱情能在清楚的規範中持續發揮，避免善意反成傷害。

第二篇

資訊素養只在課綱裡嗎？

在現代校園中，隱私權已成為一個重要議題。隨著資訊科技的發展，教師和學校在日常教學和管理過程中，常要面臨如何保護學生和教職員隱私的挑戰。隱私權不僅關乎個人資料，還涉及每個人是否能享有不受過度監視或不當干涉的空間。教師在履行職責時，應該清楚界定行為範圍，避免侵犯他人隱私。

教師有責任了解學生情況，但這不代表可以隨意收集或以不當方式處理學生的私人資料。學生的個人資訊、學習成績、家庭狀況等，皆屬於隱私資訊，必須根據法律規範進行保護。學生的隱私權，特別是未成年學生，受到法律嚴格保護。教師若未遵循隱私保護規定，可能會引發法律責任，損害學生的基本權益與信任。

保護隱私權不僅是法律義務，更是尊重每位學生與教師基本尊嚴的表現。教師應始終堅持以尊重為本，維護每位學生的隱私權，創造安全、信任的學習環境。在面對日益複雜的隱私問題時，教師應提升法律意識，並反思如何在保護學生隱私的前提下履行教育職責。

壹 隱私權保障的基準是什麼？

一、個人資訊的隱私權

談到個人資訊的隱私權，通常會從大法官釋字第603號解釋開始談起，我們就來看看解釋文是如何說明「隱私權」的呢？

「維護人性尊嚴與尊重人格自由發展，乃自由民主憲政秩序之核心價值。隱私權雖非《憲法》明文列舉之權利，惟基於人性尊嚴與個人主體性之維護及人格發展之完整，並為保障個人生活私密領域免於他人侵擾及個人資料之自主控制，隱私權乃為不可或缺之基本權利，而受憲法第二十二條所保障。其中就個人自主控制個人資料之資訊隱私權而言，乃保障人民決定是否揭露其個人資料、及在何種範圍內、於何時、以何種方式、向何人揭露之決定權，並保障人民對其個人資料之使用有知悉與控制權及資料記載錯誤之更正權。惟《憲法》對資訊隱私權之保障並非絕對，國家得於符合憲法第二十三條規定意旨之範圍內，以法律明確規定對之予以適當之限制。」

從上述的解釋文中，就每個人可以自主控制的資訊隱私權，大法官們認為有三個面向的權利保障：

1. 決定是否揭露其個人資料。
2. 在何種範圍內、於何時、以何種方式、向何人揭露之決定權。
3. 對其個人資料之使用有知悉與控制權及資料記載錯誤之更正權。

二、公開場所的隱私權

個人在公開場所是否有隱私權呢？答案是有的。我們來看看大法官釋字第689號的內容吧！

「……對個人前述（行動）自由權利之保護，並不因其身處公共場域，而失其必要性。在公共場域中，人人皆有受《憲法》保障之行動自由。惟在參與社會生活時，個人之行動自由，難免受他人行動自由之干擾，於合理範圍內，須相互容忍，乃屬當然。如行使行動自由，逾越合理範圍侵擾他人行動自由時，自得依法予以限制。在身體權或行動自由受到侵害之情形，該侵害行為固應受限制，即他人之私密領域及個人資料自主，在公共場域亦有可能受到干擾，而超出可容忍之範圍，該干擾行為亦有加以限制之必要。蓋個人之私人生活及社會活動，隨時受他人持續注視、監看、監聽或公開揭露，其言行舉止及人際互動即難自由從事，致影響其人格之自由發展。尤以現今資訊科技高度發展及相關設備之方便取得，個人之私人活動受注視、監看、監聽或公開揭露等侵擾之可能大為增加，個人之私人活動及隱私受保護之需要，亦隨之提升。是個人縱於公共場域中，亦應享有依社會通念得不受他人持續注視、監看、監聽、接近等侵擾之私人活動領域及個人資料自主，而受法律所保護……」

第689號解釋文的核心論點在於，個人在公共場所雖然享有行動自由，但還是需要在一定程度上相互容忍可能的不便，意即公共場所個人權利適度被限制是難以避免的。而大法官進一步推論，在公開場所中，若個人的私密領域或個人資料自主受到「過度」干擾，法律亦應加以限制干擾者，以維護個人人格自由的發展。

換言之，若個人在公開場所內持續遭受他人注視、監看、監聽，或個資被公開揭露，將可能影響其人格發展。因此，個人在公開場所中的隱私權亦應受到法律的適當保障，以確保其基本權利不受不當侵犯。

最後，雖然隱私權的保障係透過大法官解釋而來，大法官的解釋是屬於《憲法》層次內涵，我國通過《個人資料保護法》，並輔以相關法規來作為隱私權保障的基準。

貳 在學校該如何注意個人資訊隱私權？

◎事件6 教師可否公布學生的成績與排名？或請學生代為登錄成績？

・**實例1 考完期中考後，可否向全班宣讀個人成績？**

依據大法官第603號解釋、教師法第32條以及《個人資料保護法》[18]的規定，可以得知學生的成績屬於個人資料的範疇，依法應受保護。教師法第32條明確規定，教師不得隨意洩漏學生的個人資料，而《個資法》則進一步強調，個人資料的蒐集、處理及利用須符合特定目的，並獲得當事人同意。因此，在未經學生或法定代理人同意的情況下，教師公開學生成績的行為，應屬於不當處理個人資料的違法行為。

・**實例2 教師登錄成績是否會侵害學生的隱私權？**

教學評量為教學活動延伸，是屬於教學活動的一環，教師知悉學生的成績，除為了計算學期成績之外，亦是作為教師檢視學生學習成就，以及是否調整教學活動的重要依據，因此教師知悉學生的成績，並非侵害學生隱私權。

● 實例 3　教師能否請「其他」同學協助登錄成績呢？

教師若請學生協助登錄「任何」成績，無論是平時測驗、作業分數，甚至是期中、期末考成績，皆涉及學生個人資料的保護問題，並違反教師應遵守的保密義務。教學評量的成績不僅是學習歷程的一部分，更是對學生權益有重大影響的行為，特別是關鍵性的學業成績，更不能讓學生代為輸入。

此外，若學生協助登錄成績，可能衍生成績外洩的風險，導致「被外洩成績的學生」承受人格權的損害。同時，若學生在登錄過程中修改成績，可能造成教師登錄錯誤，進而引發「偽造文書」的刑事責任。因此，教師應自行負責成績登錄，避免因疏忽違反個資保護規範，並確保學生的隱私權與學習權益不受侵害。

● 實例 4　教師能否公布學生成績與排名呢？

成績的本質在於檢視學生的學習成果，並作為教師調整教學策略的參考，而非用來與他人比較或競爭。此外，成績屬於學生的重要個人隱私，無論是公開宣布、公告，或是進行班級排名，若未經學生同意，皆已違反保密義務，使教師須負起相應的行政責任。因此，此類做法既不妥當，也不符合法規。

此外，教育部於113年4月24日公布的國民小學及國民中學學生學習評量辦法第11條第3項亦明確規定，學校可以公告學生成績的分布情形，但不得公開個別學生在班級或學校的排名，以具體保障學生的個人成績隱私。雖然《高級中等學校學生學習評量辦法》未明確訂定類似規範，但基於相同的法理與學生隱私權保障原則，高中學生的成績亦不應被任意公開，以確保學生的權益不受侵犯。

教育真心話

確實，學生不僅是受教育者，更是法律上的權利主體，他們的隱私權與個人資料必須受到應有的保障。許多教師公開成績，其實是出於希望透過比較來砥礪學生、促進學習進度的初心。然而，即使出發點良善，若未妥善處理，仍可能侵犯學生的隱私權。雖然教育現場確實存在教師負擔繁重、難以獨自完成所有行政工作的現實困境，但這並不表示長期以來習慣的做法就一定是適法或合宜的。錯誤的行為即便經年累月，仍然無法成為正確或合規之舉。因此，若教師在公開成績前，能夠先行徵得學生同意，並讓他們充分了解成績資料將如何被使用，這才是較為妥善且合法的做法。

在實務操作上，可以尋找折衷方案來兼顧便捷性與學生權益。例如，在公開念出成績時，先詢問學生是否願意被點名，讓不願公開的學生有選擇權。再者，過往許多學校會以紙本方式發送成績總表供學生確認，但這可能導致其他學生無意間得知彼此成績，侵害個人隱私。為解決此問題，部分學校已改為讓學生透過線上系統確認個人成績，若有異動需求，則由學生主動聯繫授課教師進行更正。此類方式不僅提升了資訊保密性，也兼顧了行政效率，值得作為借鏡。

◎事件7　學校抽查聯絡簿或週記會侵害隱私權嗎？

教育的觀點

聯絡簿與週記在不同的教育階段發揮著重要的功能，目的皆在於培養學生的自律能力，並促進親師生之間的溝通。聯絡簿主要應用於國小、國中階段，幫助學生記錄每日作業與行程，養成今日事今日畢的習慣，家長也能透過聯絡簿掌握學校的教學安排與學生學習狀況，成為教師班級經營的重要工具。我認為聯絡簿的存在相當必要，這種每日記錄生活的習慣不僅對學生的成長有幫助，也與成年人記錄待辦事項的方式相似，因此值得堅持與推廣。

相較之下，週記則較常出現在高中（職）階段，此時學生已具備基本的時間管理與規劃能力，教師與學生的交流方式也趨於靈活。因此，週記不僅能作為師生溝通的管道，也能用來輔助學習，例如透過影評問答、創意思考、參訪學習單等多元活動，使週記成為具教育意義的工具。我相當喜歡這種方式，因為它不僅增進學生表達與思考的能力，也能讓教學內容更具延展性，值得推廣與應用。

法律的觀點

聯絡簿與週記在教育上的功能確實值得推崇，但是否適合抽查？則需視內容而定。

聯絡簿的主要目的是培養學生的自律與責任感，因此導師以外的人員進行抽查，確保學生確實記錄，應符合教育目的。然而，若學生已具備高度自律且有其他記錄方式，是否仍需強制書寫則值得討論。特別是當家長同意學生不寫時，問題較易處理；但若家長不同意學生不寫，而學生仍執意不寫，並將責任推給導師，教師則應以其他方式通知家長重要事項，以確保親師溝通的順暢。至於懲處，若校方有明確規定未按時繳交聯絡簿（不是作業）可記警告，則應依規定執行，否則便缺乏懲處依據。

此外，聯絡簿與週記中可能包含學生的生活札記或個人想法，這部分屬於資訊自主權的範疇。學生對於自身資訊應享有自主權，因此若教師或學校進行抽查，甚至讓他人閱覽學生的個人記錄，恐涉及侵犯隱私權。即便家長同意，仍不代表可忽視學生的自主權，特別是在高中職階段，許多學生已滿18歲，具備自行決定個人隱私的權利。因此，在進行聯絡簿或週記抽查時，應更加審慎，避免侵犯學生的資訊權益。

教育真心話

聯絡簿與週記本應協助學生養成自律習慣，然而過度依賴抽查的方式，可能會侵犯學生的隱私權。學生的情感抒發屬於個人隱私，若未經學生同意強制公開或檢查，便可能導致隱私洩露，並引發學生的不安與焦慮。教師應該在進行抽查前，徵得學生同意，並清楚說明這些資料將如何使用，這樣既能尊重隱私，也能確保教育過程的公平性。總之，教師應在保護學生隱私的前提下，進行適當的管理與引導，確保教育過程中既能達到學習目標，也能尊重學生的隱私權。

◎事件8 可以隨意拍攝他人桌上的資料嗎？

總務主任建宏明知人事管理員小豪，負責國小長期代理教師的徵選作業，此事與建宏職務權限無關，也清楚姓名、地址、照片、聯絡電話、出生年月日、身分證字號、學歷及犯罪前科等資訊，皆屬受保護的個人資料，未經當事人同意不得擅自取得。然而，建宏卻在未獲志杰與哲豪兩位教師同意的情況下，進入行政辦公室，從小豪的辦公座位上取走並拍照他們提交的報名文件，包括報名表、切結書、性侵害犯罪登記檔案申請查閱同意書、畢業證書、專業證照及身分證影本等資料。

法院怎麼說？

被告總務主任所翻拍的文件內容屬於個人資料，而兩位被偷拍資訊的教師對於自身個人資料的揭露方式、範圍、時間及對象，依法享有充分的決定權，這是個人對自身資訊的自主控制權，也是《憲法》保障的隱私權之一，任何人不得擅自侵害。除非有法定依據或取得當事人同意，否則擅自蒐集個人資料，即構成違反個人資料自主權。

本案中，總務主任未經兩位的同意翻拍他們的報名文件，而該文件涉及代理教師甄選，這並非其職責範圍。總務主任既無法定授權，也缺乏合理正當性，自然不能主張其行為具有正當理由。如果對甄選結果有疑慮，依法應透過正當管道向教育處檢舉，而非私自蒐集並翻拍他人的個人資料以保全證據。根據《高級中等以下學校兼任代課及代理教師聘任辦法》，是否聘任代理教師由校長最終裁量，並非單純依據教師資格決定。總務主任的行為既未遵循正當程序，也未能證明其行為有助於公共利益，已明顯逾越權限。

教育真心話

校內有很多的恩恩怨怨無法在判決中看出來。原則上我們只能從法律去判斷行為的對與錯，但我相信實質上應該是有一些我們不知道的情況。從法律上的觀點，尊重他人資訊而不取得、不散布，是現代社會中相互尊重的最低標準，事件中的總務主任透過這種方式來表達自己的擔憂（或不滿），而不是透過積極溝通，或是合於程序的方法達到想要的結果，這樣獲得了什麼？失去了什麼？我們總是會離開這份工作，只有自己才是真的。

◎事件9　告訴他人同事的病情不行嗎？

建宏為國民小學校長，哲豪則為同校教師。建宏於學校特定多數人可以知道的情況下，在不同的時間對哲豪做了以下兩個行為：

1.「現在還有吃藥嗎？人事在這裡，所有違反《教師法》規定的請掌握好，譬如說上課不到、如果有精神狀況的一樣，教師法第14條的那個請留意一下。」

2.「後來他自己有承認他吃藥，他吃藥，光是吃藥這一點，我就可以讓他走入不適任教師處理」、「一直在風雨球場繞圈圈、繞圈圈，不知道做什麼？當一個老師出現異常狀況的時候是不是有病？是不是懷疑疑似有躁鬱？」、「還有幾次在學生面前狂哭，學生都有回應你何必在學生面前哭」、「請教務組問問一下教育處，醫師開出來的診斷書上，上面寫上呼吸道感染、感冒，底下註明宜休息3天，教育處裡面要不要給代課費？」等。

法院怎麼說？

言論自由雖為人民的基本權利，國家應給予最大限度的保障，然而言論自由並非毫無限制，仍應受到一定程度的規範。發表言論者不得進行謾罵或涉及人身攻擊，亦不可超越言論自由的必要性與適當性。

意見評論或情感抒發是否適當，應視其是否「善意」評論而定。每個人對於評論的接受度，會因個人價值觀有所不同，沒有絕對的判斷標準。然而，「善意評論」應基於「就事論事」的原則，依據事實論證是非，無論採取正面或負面評價，皆應與事實相結合，而非摻雜個人偏見或主觀情緒，恣意貶抑他人。若言論僅出於惡意貶辱或謾罵，則已喪失評論或情感抒發的正當性。

校長未經教師同意，於兩次特定多數人可見可聞的會議中，公開提及教師服藥情形及診斷書內容，並發表「……如果有精神狀況的一樣……」、「當一個老師出現異常狀況的時候，是不是有病？是不是疑似有躁鬱？」等言論，已損及教師的隱私權、人格權及名譽權，並帶有貶抑之意，顯然已超越表意自由的必要性與適當性。

教育真心話

校園中有好多的言論竄來竄去，「我聽說」、「聽他說」、「別人告訴我說」、「民間友人說」，真的太多「說」了，說來說去也沒有取得本人的認可與確定，被說的「他」好像就是這樣子了。當然「說」是個人權利，要跟誰說也是個人權利，但是說「什麼」就大可不必了。

＊事件10　學生趁老師不在，拍攝老師電腦裡的資料傳給母親和校長。

小豪向導師建宏借用筆電尋找之前傳送的檔案，趁建宏不在且未徵得同意之時，將建宏與哲豪的社群軟體對話內容拍攝下來，並將內容傳送給母親與該校校長，最後導致建宏被開除。建宏對小豪提起刑事告訴，小豪因違反刑法第315條之1第2款規定而受到少年法庭的訓誡處分外，建宏亦對小豪與家長提起民事賠償訴訟。

法院怎麼說？

社群通訊軟體具有隱密性，對話內容理應僅限於對話視窗內的參與者知悉，其他人無從得知。導師與其他教師之間的對話紀錄屬於非公開的私密對話，導師在主觀上期待對話內容得以保密，不欲外流（即主觀上的隱密性期待），且其使用通訊軟體進行對話，在客觀上亦能確保對話的隱密性（即客觀上的隱密性環境）。因此，導師對於個人隱私及個人資料的自主控制，具有合理的隱私期待。然而，學生未經導師同意，擅自翻拍該對話紀錄並傳送給他人，使導師喪失控制個人資料是否揭露的選擇自由，嚴重破壞其應享有的隱私權。

學生將對話紀錄傳送他人後，導致導師被迫面臨公聽會及校園霸凌調查等後續影響。例如，該中學召開課堂討論暨公聽會，在眾多學生、家長、教師及校長的參與下，對話紀錄再次被公開討論並進行問責。此外，因家長請求，該校依程序啟動校園霸凌調查，由防制校園霸凌因應小組，針對對話紀錄是否構成霸凌進行行政調查。由於學生擅自翻拍並揭露對話紀錄，導師不得不在公聽會及調查過程中反覆向眾人解釋對話內容與背景，已明顯構成對其隱私權的侵害。

教育真心話

任何人都受到隱私權的保障，不只是學生，也包含老師，任何人都可能成為侵害他人權利之人，不因身分不同而有所差別。本案中的學生，大概就是自以為覺得有趣與憤慨，而做了不該做的事情，最後導致教師連工作都不保，這種傷人又害己的做法，實在不可為。

⓲依個人資料保護法第2條規定「個人資料是指自然人之姓名、出生年月日、國民身分證統一編號、護照號碼、特徵、指紋、婚姻、家庭、教育、職業、病歷、醫療、基因、性生活、健康檢查、犯罪前科、聯絡方式、財務情況、社會活動及其他得以直接或間接方式識別該個人之資料」。在校園裡，學生的成績會與姓名同時出現，換言之這是屬於可以識別學生的資料，所以我們可以認定學生成績應該屬於個人資料的一環。學生應該對於其自己的成績資料，有如同釋字第603號解釋文所說的「決定是否揭露」，以及「在何種範圍內、於何時，以何種方式，向何人揭露」的權利。

參 該如何保障公共場所的隱私權？

前面談完個人隱私資訊的保護後，接下來我們要談談公共場所隱私權的概念。

＊事件11　導師和家長關係緊張，在走廊交談的時候，學生能錄影嗎？

導師建宏與小豪的家長因小豪的相關事宜發生爭執，雙方關係緊張。某日，小豪家長至學校辦公室走廊與建宏交談，過程中，在一旁的小豪未經建宏同意，便以手機錄製兩人談話內容。建宏認為小豪的行為已侵犯其隱私權，且屬於未經授權、不當蒐集其社會活動相關個人資料，違反《個人資料保護法》的相關規定，因此提起訴訟。

法院怎麼說？

即使身處公共場所，每個人仍享有一定程度的隱私權，這包括不應無端遭受他人持續注視、監看、監聽或不當接近等干擾，並擁有對自身個人資料的自主控制權。然而，這種保護並非絕對，而是須依社會通念來判斷。關鍵在於，個人是否對其私人活動或個人資訊擁有「合理的隱私期待」，亦即該活動或資訊是否應受到免於干擾的保障。

《個人資料保護法》旨在保障個人隱私，同時允許在合理範圍內使用個資。當資訊具有隱私性且社會普遍認同應受保護時，個人對其擁有正當的控制權。然而，過度限制個資的取得與使用，可能影響資訊流通並妨礙社會運作。因此，除涉及「特種個資」，一般個人資料應適當保護，並考量合理的隱私期待。在現代社會，姓名、職業、工作地點等資訊屬「公共性高、私密性低」的範疇，若無法證明其公開會損害合法權益，則適當使用應屬可接受，以避免《個資法》遭濫用或過度干擾日常生活。

在學校走廊發生的對話與行為屬於公開場合的社會活動，本質上具有較高的公共性，而隱私性較低。當時，導師與家長之間存在爭論，且雙方均指責對方說謊，現場有學生在旁。即使學生確實使用手機錄下導師的言行，考量到事發地點為學校走廊，且導師當時正與家長發生爭執，根據一般社會觀念，導師對於自身在這種公開場合的互動，並不具備合理的隱私期待。因此，學生的錄影行為並未侵犯教師的隱私權。

教育真心話

這起案件反映出親師溝通不良導致的爭議，最終對簿公堂，受傷的仍是孩子。原本，教師是希望與家長一起協助孩子成長與學習，然而由於溝通不順，最終導致雙方的衝突與誤解。或許有人會質疑家長為何選擇這種方式表達意見，但從判決內容來看，學生或家長應該曾向教師反映問題。

教師若能適時做出調整，例如線上上課安排、簽名確認或比賽報名通知等，應能有效降低後續不必要的紛爭，而這些調整看起來並不困難，也在可行範圍內。此外，行政單位應適時介入，協助導師與家長溝通，並提供支援，協調出更合適的處理方式，避免衝突擴大。唯有透過良好的親師溝通與行政協助，才能真正維護學生的學習權益，實現親師生共贏的局面。

◎事件12　為了釐清學生的紛爭與突發狀況，我能在教室內安裝監視器？

教師建宏任教於公立國小，班上的學生組成是較為特殊、複雜的特教生，常發生意料以外的突發狀況，事後也往往難以判斷是非。教師為在事發後釐清紛爭、避免學生和老師任一方蒙受冤枉，在沒有先跟家長、學生和學校討論的情形下，就自掏腰包在教室裝了監視器，拍攝教室內的上課及活動，教師想說拍的都是上課內容，而且相關錄影、照片也沒有外流，不會侵害到學生的權利，這樣有益無害的事情，應該沒問題。

法院怎麼說？

法律保護每個人在私密空間不受侵擾的自由及個資自主權利，且隱私權的保障並不因為身處在公共場域而喪失。因為如果個人的私人生活及社會活動，隨時受到他人持續性的注視、監看、監聽或公開揭露，則個人將難以自由說話、行動以及與他人互動，進而影響人格的自由發展。

不過畢竟是在公共場合，個人不受侵擾的自由也不可能無限上綱，所以，個人若要在公共場域中主張隱私權，不受他人持續注視、監看、監聽、接近等侵擾，必須具有「合理隱私期待」，除了個人已經表現出期待不受他人侵擾，還必須依照社會通念認為是合理的範圍內，才能主張。

因此，學校的教室雖然屬於公共場域，但並非任何人都可隨時、隨意進入。尤其是學生在教室內上課時，教室內的人員亦受到限制，可見學生期待在「教室」這個公共場域的活動不受侵擾，且這種期待依社會通念算是合理。所以學生在教室內的活動是受到隱私權保障，老師不可以私下在教室內裝設監視器，持續注視、監看、監聽、接近及獲取學生的個人資料，即使目的是出於釐清紛爭事實，擅自裝監視器就已經侵害了學生的隱私權、妨害人格發展。

教育真心話

進入現代的教育現場，不只是學生之間的衝突，師生之間的摩擦也越來越多，但由於缺乏直接的錄影證據，常常陷入羅生門，無法釐清是非曲直。因此，校園內開始討論是否要在教室內安裝監視器。尤其是肩負教育責任的教師，更希望透過這種方式留下客觀依據，以釐清衝突事件中的責任歸屬。

然而，原本希望透過監視器提供清楚依據、保障雙方權益的初衷，卻可能與學生的隱私權產生衝突。教室屬於學生長時間活動與表現自我的場域，牽涉人格發展與隱私保護，即便學生與家長表示同意，也無法取代法律上的正當程序。未經法定依據逕自安裝，可能衍生行政懲處、民事求償或刑事責任，讓原本出於善意的做法反而帶來額外風險。

監視器不是萬靈丹，避免爭議建議這樣做：面對校園內的衝突，教師應回歸教育本質，平時多關心學生人際關係，若發現不合或矛盾徵兆，應及早輔導，並善用學校輔導資源提前介入。事發時，適時尋求行政協助、與家長溝通，往往更能有效處理問題、化解誤會，也才能在尊重學生權益與保護自身之間，找到更安心且妥善的做法。

肆 結語

本章透過兩個大法官解釋，以及數個案例來說明校園中的資訊問題，大家都希望隱私被確實保障，但是在個人隱私以及合理使用之間如何取得平衡，是個難題，希望透過這篇的內容，讓各位教師具備一定程度《隱私權法》的概念。

本篇重點法條

大法官解釋：第603號、第689號

《教師法》：第32條

《個人資料保護法》：第2條、第42條

《民法》：第184條

《高級中等學校學生學習評量辦法》

《國民小學及國民中學學生學習評量辦法》

第三篇

校園該依法行政還是道德勸說？

「教育之所以令人感到重量，那是因為這是一個關於傳承的工作，到底該把什麼交給下一代的手裡？讓他們快樂健康的成長，繼續影響未來的人們。」

——厭世國文老師

教師法第32條第4款賦予教師一個重要的義務，那就是：

輔導或管教學生，導引其適性發展，並培養其健全人格。

這是一個崇高且理想的目標，也很好理解。教師不僅是知識的傳遞者，更承擔著引導學生行為、塑造品格的責任，這也是學校教師與補習班教師最大的不同之處。雖然家庭教育在學生成長過程中扮演重要角色，但在學校期間，教師的輔導與管教對於維持班級秩序、穩定校園環境，也發揮了不可忽視的作用。

《教師法》相關內容清楚說明，教師不僅有「教育」的責任，還有「輔導與管教」的法律義務。如果教師未履行這項義務，學校可依法處理，甚至可能面臨相關責任。

有些教師可能會想：「如果不管學生，就不會出錯，也不會被追究責任。」這種想法其實是教育現場常見的顧慮，因為現在校園檢舉機制發達，讓許多教師擔心，一旦進行管教，反而會引來麻煩。但值得注意的是，《教師法》已經明確規定輔導與管教是教師的「義務」，這意味著「不管」本身就是違反義務的行為，可能引發相應的法律責任。因此，教師並不能選擇完全不管，而是要掌握適當的方式，以確保管教合理且合法。

壹 哪些是合理的輔導與管教方法？

一、一定要依循《注意事項》嗎？

教育部制定《學校訂定教師輔導與管教學生辦法注意事項》（以下統稱《注意事項》），目的是讓各校在制定自己的輔導與管教辦法時，有一個依循的標準。不過，實務上，大多數學校都是直接採用教育部的內容，經校務會議通過後，成為該校的正式規定。如果學校沒有自行訂定呢？這時，直接參照教育部公布的版本來執行輔導與管教措施即可，以確保教師的輔導與管教行為符合相關規範。

二、應符合哪些基本原則？

1.平等原則

注意事項第11點規定：教師輔導與管教學生，非有正當理由，不得為差別待遇。反過來說，就是如果有正當理由，可以為不同的對待，對應到校園，即是對於身心障礙學生（**正當理由**）的學期成績及格標準與普通學生不同，或是對於身心障礙學生的平時作業分量或內容與普通生不同（**可以為差別待遇**）。

但如果教師是因為學生的性別、性傾向、身高、外表等因素（**非正當理由**）而為不同的評分標準，即違反平等原則。

2. 比例原則

注意事項第12點規定，教師採行之輔導與管教措施，應與學生違規行為之情節輕重相當，並依下列原則為之：

(1)適當性：採取之措施應有助於目的之達成。

(2)必要性：有多種同樣能達成目的之措施時，應選擇對學生權益損害較少者。

(3)衡量性：採取之措施所造成之損害不得與欲達成目的之利益顯失均衡。

其實，我們在日常教學中早已不自覺的運用了這些原則。例如，當學生遲交作業時，教師可能會「適度」扣分或增加作業量，或者根據學生違規行為的嚴重程度，從口頭警告到記大過，依序給予適當的獎懲。

這些做法的核心目的，都是希望學生能夠改正不當行為，雖然對學生來說可能產生某種負面影響，但這種影響相較於最終促使學生改善行為的正面效果，是在合理且可接受的範圍內。因此，在這樣的情境下，教師的管教措施可以認定為符合比例原則，也就是懲處與目的之間保持適當的平衡。

3. 考量學生行為

根據注意事項第13、14點，教師在輔導與管教學生時，應先了解學生行為的原因及相關情境，並根據其原因選擇適當的方法，採取輔導或正向管教措施，必要時還需視情況進行調整或變更。

這在校園中是很常見的情境，例如：當學生犯錯時，教師的第一句話往往是「為什麼？」這個簡單的問題，其實是為了探究學生行為背後的原因，而這些原因可能五花八門，有些是真話，有些可能是藉口，甚至有些情有可原。無論如何，學生的回答往往會影響教師的判斷，進而影響輔導與管教的方式與結果。

這也與接下來要談的「陳述意見原則」有所連結，因為學生的回應，正是他們對自身行為的陳述，而教師則需基於這些陳述，做出合理的輔導與管教決策。

4. 讓學生陳述意見

注意事項第15點規定：學校或教師處罰學生，應視情況適度給予學生陳述意見之機會，以了解其行為動機與目的等重要情狀，並適當說明須導正的行為、實施處罰的理由及措施。

不難理解為什麼會這樣規定，因為被處罰而說出自己的想法或原由，以取得他人諒解是人之常情，教師們在面臨考核或是解聘不續聘時，也會通知出席陳述意見，以表示對受處罰人的程序尊重。

三、一般管教措施有哪些？

《注意事項》將管教分成一般管教（第23點）與其他（第23點以外的部分）[19]，為便於讀者們閱讀，我會將《注意事項》關於管教的內容拆成兩個部分來說明。

在第23點——一般管教措施中，教育部洋洋灑灑的列出共超過十點教師可以使用的管教措施，以及可以管教的時間與應行注意事項。其中教師們最常使用的不外乎是口頭糾正、調整坐位、口頭道歉[20]或書面自省、適當增加作業或工作、要求課餘從事可達成管教目的之措施（如學生破壞環境清潔，要求其打掃環境）、限制參加正式課程以外之學校活動、要求靜坐反省、要求站立反省（但每次不得超過一堂課，每日累計不得超過兩小時）等方式。

這些管教方式的目標，並非單純懲罰，而是透過適當的方式，引導學生反思與改進行為，使其能夠從錯誤中學習並成長。

※事件13　使用陳述書或書面自省的目的及時機為何？

1. 授權依據

注意事項第22點第1項第4款規定，「要求口頭道歉或書面自省」為教師一般管教措施之一，係希望透過學生書寫方式達到啟發學生自我覺察、自我省思及自制能力。

陳述書、書面自省與獎懲建議單

首先是陳述書，教育部認為這應用於釐清事實，並不是一般性管教措施。陳述意見是兒少表意權之範疇，陳述內容可包含事實或意見，陳述過程亦應教導學生如何分別敘述事實（如人、事、時、地、物）和意見之功能，但學校不得強迫學生撰寫陳述書；而書面自省，則是指教師基於教育專業為引導學生檢討改正所採取之措施；最後是獎懲建議單，指學校確定學生犯錯事實後，由教師依據學校校規所填寫之表件，屬學校內部獎懲程序的一環，但要注意的是，不論「陳述書」或「書面自省」都不應該併同作為獎懲建議單㉑。

2. 程序上的注意事項

教育部提醒學校「書面自省」於教學現場執行之妥適性、嚴謹性與應注意事項，其中包含教師應該基於輔導管教目的，且要求學生進行書面自省時，相關的執行程序務必嚴謹完備，例如：知會家長——將學生狀況及安排書面自省一事預先告知家長；維護受教權——不應於上課時間要求學生寫自省書，教師亦不應對學生書面自省內容預設立場，以及應尊重學生書寫意願及其書面自省內容等。

同時，教育部也規範學校的責任，首先是學校如要釐清事件發生經過及學生犯錯事實，請學生敘寫「事件經過紀錄表」等類此表件時，需尊重學生意願，不得以強迫學生之方式為之，亦不得因學生拒絕而據此論斷其確有犯錯事實。

教育部認為，基於維護學生學習權、受教育權、身體自主權與人格發展權，教師應參照《注意事項》之精神與意旨，本於教育理念，依據專業知能與素養，釐清學生行為事實發生經過，若需透過「書面自省」輔導學生，應以培養其自我覺察、自我省思及自制能力為原則。

◯事件14　學生未依規定交作業，罰抄課文三遍！

小豪自幼患有先天性弱視、散光、近視等視力問題，並長期受到過敏症狀影響，此外，還被診斷有注意力不足過動症（ADHD）。關於小豪的特殊狀況，母親早在109年親師懇談會中已向建宏說明小孩的狀況。然而，在110年4月23日，小豪因未量體溫、未繳交數學複習卷、上課時與導師說話，被要求罰抄課文三遍。隨後，4月26日，小豪因尚未完成第七課的罰抄作業，被建宏禁止下課，並要求於午餐前完成，導致其缺乏適當的休息時間。到了4月27日，小豪開始罰抄第八課，即使利用所有下課時間努力抄寫，仍無法完成導師所要求的懲罰。

法院怎麼說？

一般而言，教師要求學生抄寫課文作為處罰，雖屬於教學專業範疇，但仍須檢視該處罰是否具關聯性、合目的性，以及是否符合比例原則。導師僅因學生未量體溫、未交數學複習卷、上課與導師交談，即要求其罰抄課文三遍（第七課一遍、第八課兩遍）。

然而，導師在決定此處罰前，並未考慮是否有更適當的替代方式，如：口頭糾正、記錄於日常生活表現紀錄、通知家長協助處理，以避免學生日後忘記測量體溫或攜帶作業等方式。導師直接要求學生罰抄，導致學生在課堂與下課時間無法適當休息，無法前往廁所、飲水或自由走動，身體也未能獲得必要的舒展與放鬆。從處罰方式的強度來看，導師的做法已影響學生的身心狀態。學生與家長主張，該處罰剝奪了學生充分休息的權利，進而影響其身體健康、行動自由及受教育權，因此，導師的行為已構成對學生人格權的不法侵害，學校應承擔相應的損害賠償責任。

○事件15　罰站就是標籤化學生嗎？

建宏為國民中學的導師，其班級於民國107年3月有一名轉學生入學。建宏的初衷是希望學生能盡快融入環境，並學習基本的人際互動禮節，因此要求學生在家背誦任課老師的姓名。然而，次日該學生未到校。4月11日上午，建宏再次要求該學生在下課時間站在課表前，背誦4位任課老師的姓名，並表示驗收通過後即可下課。學生當場對此處罰表示異議，並聯繫家長，但當日仍被要求於下課時間持續站立並背誦教師姓名。之後，學校收到學生家長提出的不當管教調查申請，並組成3人調查小組進行審查。調查結果認定，建宏的做法確實屬於不當輔導與管教行為，因此對其記一次申誡。

法院怎麼說？

教師若為了導正學生行為或幫助其適應環境，確實可以施行適當的管教措施，但在過程中應考量學生的人格特質、身心健康、生活與家庭狀況，確保輔導與管教方式合理且有效。此外，教師的管教措施應與學生的違規行為相稱，並符合比例原則。

法院認為，要求學生於下課時間站立（俗稱罰站），屬於注意事項第23點所允許的一般性管教措施。雖然這可能會影響學生的休息與娛樂時間，甚至有標籤化的疑慮，但這些影響本來就是輔導與管教可能產生的結果，並非絕對不允許。而其他管教措施可能帶來類似的標籤化問題，例如：「在教學場所一隅，暫時讓學生與其他同學保持適當距離，並以兩堂課為限」、「經其他教師同意，於行為當日，暫時轉送其他班級學習」。因此，不能僅因「可能產生標籤化疑慮」就完全禁止罰站作為管教措施。

而法院亦認為該學生並非無法背誦教師姓名，而是不願背誦。此外，相較於導師對其他學生要求背誦全體教師姓名，對該生的要求已降低至僅4位教師的姓名，這顯示教師已經考量到學生的身心狀況，並適當調整要求，以符合比例原則。此外，教師並未強制學生持續罰站，也沒有監視或限制學生行動，學生仍然可以自由上廁所、喝水或前往福利社，並未被剝奪行動自由。基於以上理由，法院認為教育局對教師的申誡處分應予撤銷。

教育真心話

雖然抄寫課文與罰站背誦這兩種管教措施都符合《注意事項》的規範，但兩起案件卻出現了截然不同的判決結果——**事件14**學校被判賠償學生3萬元，**事件15**則撤銷了對教師的申誡處分。為什麼會有這麼大的差異呢？其實，法院的標準一直都是一致的，判斷關鍵在於「行為的目的」、「行為的必要性」以及「比例原則」。

事件14中的教師一因未考量行為目的：要求學生罰抄課文，卻沒有明確證據顯示這能有效幫助學生改正行為。考量尚有其他較溫和的方式，例如：口頭糾正、通知家長、記錄生活表現等，可能更適合處理違規問題，但教師卻直接選擇罰抄。二為對學生的負擔過重：學生除了要抄寫課文，還因未完成作業而被禁止下課，甚至連午休時間都被剝奪，導致身心受到影響。

事件15中的教師一因行為目的明確：要求學生背誦教師姓名，目的在於幫助學生融入環境，並非單純的懲罰。二來採取適當手段，符合比例原則：教師已經降低對該生的要求（其他學生須背誦所有教師姓名，該生僅需背誦4位教師姓名）。三則未剝奪學生基本權利：學生仍然可以自由行動（上廁所、喝水、前往福利社），並沒有受到過度限制。

事件14教師的做法缺乏合理性與必要性，沒有考慮學生的狀況與其他更適當的輔導方式，因此法院認為學校與教師需要負責；**事件15**教師則是在目的、手段與比例原則上都做足了考量，最終法院認定其做法合理，撤銷了教育局的處分。

許多教師在面對學生違規時，難免會覺得，我都已經依法行事，為什麼還會被告？但從這兩起案件可以看出，法院並不會單憑管教方式是否符合規定，來判定教師是否違法，而是會進一步審視：這樣的處罰有沒有達到教育目的？有沒有更適當的替代方法？學生是否因此遭受過度的身心影響？

原本教師是希望透過合理的管教來改進學生的不當行為，卻最終導致不必要的衝突與法律糾紛。如果教師的行為符合正當目的、對學生傷害最小、符合比例原則，那麼即使遭遇訴訟，最終司法仍然會還給教師一個公道，只是需要時間來證明而已。

這樣的情況提醒我們，在教育過程中，教師必須謹慎衡量處罰的必要性和方式，避免過度的管教措施對學生造成身心傷害，並始終以教育為首要目標。

○事件16　擔心學生罰抄負擔太大，改用罰款替代。

學校接獲家長陳情，表示教師疑似有洩漏考題與以罰錢處理班務之情形，召開校事會議並組成調查小組調查。

申評會怎麼說？

調查結果顯示，有些學生曾被教師要求繳交罰款，但金額不明；有些學生雖未被罰款，卻知道其他同學曾經被罰。教師當時規定，學生若未達到整潔與秩序標準，原本須罰抄英文單字，但因擔心學生負擔過重，才改為讓學生選擇「罰寫英文單字」或「繳交罰款」，並表示罰款將併入班費供全班使用。然而，校園內不應以金錢作為懲罰手段，即使初衷是減輕學生壓力，仍違反注意事項第14點的相關規定。此案例提醒教師，在管教學生時，應選擇符合教育原則的方式，避免使用可能影響學生權益的懲罰措施，以確保公平與適當性。

教育真心話

《注意事項》明確規定，教師不得以影響學生財產權的方式（如罰錢）作為輔導與管教手段（第8項）。即使全班學生同意這項規定，也無法使其合法。畢竟，違法的行為不會因為多數人認可就變成正當做法。教師原本希望透過某些手段來改進學生行為，但如果選擇了錯誤的方式，最終的結果可能會傷害學生的權益，甚至使教師面臨法律風險。

因此，教師在進行管教時，無論學生是否同意，應避免涉及金錢處罰，這樣才能確保符合教育原則和法律規範。只有選擇正當且合法的方式來管教學生，才能真正達到教育的目的，避免不必要的法律爭議和對學生的負面影響。

四、什麼是管教措施的阻卻違法事由？

注意事項第24點規定，當學生有攻擊他人、毀損物品、自傷或攜帶違禁物品等行為，且情況緊急，若不立即採取行動將無法防止危害，教師可對學生施加必要的強制措施。此外，為確保教師不會因此受到懲處或影響考績，規定中也列出了四項「阻卻違法事由」[22]。不過，教師在執行輔導與管教時，仍須遵守前述基本原則，特別是比例原則。如何在維護校園安全與尊重學生權益之間取得平衡？關鍵在於教師與學生之間的信任與適切的應對方式。

1.正當防衛的基本概念

「教師對於現在不法之侵害，而出於防衛自己或他人權利之行為，不予處罰。但防衛行為過當者，得減輕或免除其處罰。」[23]

首先是「現在」的概念，法院的實務見解認為，「現在」是指行為人已經進入「預備的最後階段」，即按照一般社會常理，意指該行為已經準備發生但尚未發生的時間點。如果只是防衛者主觀想像可能會發生侵害，或者侵害已經結束，甚至尚未進入預備最後階段，則無法構成正當防衛。

其次，防衛行為的目的在於保護自己或他人。例如，教師被學生攻擊、看到學生相互毆打，或學生準備攻擊教師時，防衛行為才可能成立。

第三，防衛手段必須同時具備「有效性」與「必要性」。「有效性」指防衛手段必須能客觀上消除侵害，而「必要性」則要求手段剛好足以達成目的，不能過度使用。

最後，防衛行為的「對象」也是關鍵考量。如果侵害行為來自「無責任能力的兒童或精神障礙者」，法院實務認為，防衛者應優先選擇退避或較溫和的保護性防衛，只有在萬不得已（例如危及生命）時，才可採取更強的防衛措施。

我來舉個例子說明。假設在教室內，有一名學生因為與同學發生衝突，情緒失控，突然轉身拿起椅子。雖然他還沒有明顯準備砸向他人，但從客觀情況來看，很可能接下來會有攻擊行為，這時就符合「預備最後階段」的標準。

此時，教師或其他見義勇為的學生若立刻行動，例如：抓住該生的手並拉下來、從後方抱住他讓他跌坐在地（屬於防衛性行為），或者用掃把撥打他的手部，讓他放開椅子（屬於攻擊性防衛），都可能有效阻止即將發生的傷害。同時，也可以選擇迅速疏散其他學生，確保安全。儘管該名學生可能會因此受到一些輕微外傷，但這類行為可能構成正當防衛，從而不會被法律追究。

值得注意的是，在現場發生這類情況時，很難立即判斷哪種方式是最適當的。因此，法院通常會根據具體個案來審視行為是否符合比例原則。建議在校園內遇到這類不法侵害時，無論學生是否年滿14歲，仍應優先採取防衛性措施，盡可能避免攻擊性行為，以降低可能的法律風險。

2. 緊急避難的基本概念

「教師因避免自己或他人生命、身體、自由、名譽或財產之緊急危難而出於不得已之行為，不予處罰。但避難行為過當者，得減輕或免除其處罰。」[24]

先來談「危難」的概念，它是指對生命、身體或財產等法益造成損害或風險的情況，如天災或交通事故。而「緊急」則表示情況迫在眉睫，無法拖延，必須立即採取行動。

當面對危難時，避難手段的選擇必須符合「不得已」的原則，也就是說，行動必須是在沒有其他更溫和方法的情況下，「最後的」、「唯一的」選擇。此外，避難行為不能過當，應該以最小侵害為原則。舉例來說，如果有機會逃離危險，就應該優先選擇逃避，而不是直接傷害他人來保護自己，這正是緊急避難與正當防衛的主要區別。

此外，避難行為還需符合「利益衡量原則」，即保護的利益必須大於犧牲的利益。例如，在法律上，生命的價值高於身體安全，身體安全高於自由，而自由又高於財產。如果避難行為導致的損害大於保護的利益，那麼就可能被認定為手段過當。

例如：如果有一名學生站在校舍頂樓欄杆外，企圖跳樓，教師趕到後緊急拉住他，卻因施力方式不當，使學生背部與大腿被欄杆刮傷。事後，學生家長認為教師傷害孩子，憤而提告。從緊急避難的角度來看，當時學生正處於極度危險的情況，教師的唯一選擇就是立即將他拉回安全區域，雖然導致學生受傷，但這種傷害遠小於死亡風險，因此教師的行為符合緊急避難的條件，不應受到懲罰。

這類情況下，法院通常會以「當下最合理的選擇」來判斷行為是否正當，而不會過度苛責當事人。所以，當教師面臨類似情境時，只要行為符合緊急避難的原則，就不必擔心法律責任。

教育真心話

面對校園內的衝突時，到底該怎麼做才符合法律的規定？或是不違反法律的規定？這兩個問題的正確答案，想必是教師們最想知道的，其實我也不知道！我相信法院也不知道，只能抓住原則後，再依照每個不同的個案來判斷何者正確。

但誠如我在前面說的，不論是正當防衛或是緊急避難，我個人的建議都是「可以遠離先遠離」，「無法遠離則是防衛性回擊」兩個原則。

五、校園安檢：如何處理違法與違禁物品？

◎事件17　學生在課堂點菸，該怎麼辦？

學校在112年年底接獲媒體爆料，才發現有學生在課堂上公然抽菸，而任課教師建宏並未採取適當的管教措施。經學校調查，建宏承認曾在課堂上聞到菸味，並向學生詢問來源，學生回答菸味來自教室外，因此沒有進一步追查。事後，學校查詢相關紀錄，也未發現建宏曾向教官室通報此事。

申評會怎麼說？

於上課期間，教室屬於教師的管理範圍，但當時已有多名學生在課堂上躁動、隨意走動。教師雖曾詢問是否聞到菸味，卻因學生表示菸味來自教室外之後，未進一步追查或採取相關處置。然而，校園依《菸害防制法》規定為禁菸場所，教師應對此類情況保持警覺，並適時輔導與管教。然而，教師並未進一步關注此事，亦未向學校通報。事後該事件影片於網路上流傳，畫面顯示教師站在教室前方，對於學生的違規行為未有明確處理，顯見未善盡輔導與管教責任。

教育真心話

在《注意事項》中提到「違法物品」、「違禁物品」、「其他物品」，判別依據如下：

違法物品是指法律明確禁止的物品，例如《槍砲彈藥刀械管制條例》所列的槍砲、彈藥、刀械，以及《毒品危害防制條例》中的毒品、麻醉藥品及其相關施用器材。一旦發現這類物品，應立即通報學校，再由學校通知警方處理。

違禁物品是指可能危害他人生命安全的物品，如危險刀械、化學製劑，或是有害學生身心健康的東西，例如，猥褻或暴力內容的書籍、圖片、影片，還有菸、酒、檳榔等。此外，其他法令規定禁止的物品也包含在內。當學校發現這些物品時，應先暫時保管，並根據情況通知學生的家長或監護人領回。

其他物品則指不違法但可能影響學習、教學或校園安全的物品，例如手機或某些實體遊戲用品。學校可暫時保管，待確認不再影響學習或校園安全後，再歸還學生或通知家長領回。值得注意的是，學校或教師在暫時保管時，應妥善管理，避免損壞。

回到本案，按相關規定，教師在輔導與管教方面確實有所疏失，無論是維持班級秩序、處理教室內的菸味，甚至是否有通報學務處，這些方面都可以做得更細緻、更完善。若當時教師能即時通報聞到菸味的情況，讓學務處依相關規定進行後續處理，問題或許能更快解決。畢竟，本案中班級秩序的問題是隨著菸味事件處理不當而隨之提出，事發當下若能及時處理，教師或許能避免陷入爭議。

※事件18　學生帶摺疊刀，可以直接報警嗎？

未滿18歲的學生在高雄市某國中教室內攜帶一把摺疊刀在教室內把玩，經課堂教師見狀後直接報警處理。

法院怎麼說？

法院認為，本案學生攜帶摺疊刀的行為應適用《社會秩序維護法》，而非《少年事件處理法》，因為**後者**針對的是「經常」攜帶危險器械，而本案學生僅攜帶一次，未符合「經常」的要件。

《社會秩序維護法》規定，未經正當理由攜帶具有殺傷力的器械，可處3日以下拘留或3萬元以下罰鍰。學生供稱當時是在自習課上，因無聊才拿出摺疊刀把玩，並表示該刀是為防身所購，無傷害他人之意。然而，法院認為該摺疊刀為金屬製、刀身鋒利，具有危險性，且國中生並無攜帶武器自我防衛的必要，因此不構成攜帶的正當理由。最終，法院依社會秩序維護法第9條規定，對14歲以上未滿18歲的行為人減輕處罰，並依第22條沒收該摺疊刀。

教育真心話

校園安全檢查必須建立在**合理懷疑**的基礎上，亦即學校需具備相當理由與證據，例如：學生攜帶物品的外觀可疑、其他學生具體檢舉，或學生行為異常等，才能進行檢查，否則可能涉及刑事責任或民事賠償。

依《注意事項》規定，學生檢查可分為「特定身分學生」與「一般學生」，特定身分學生指受少年法院保護管束或具有偏差行為且可能危害他人安全者，經校園安全檢查會議決議確認身分後，一旦評估其有危害他人生命、身體之虞，就能進行檢查；一般學生若攜帶違法或違禁物品，並經緊急會商後，認定有危害他人安全之可能，方可檢查。檢查時，應由至少兩名學校人員進行，並依學生意願，由一至兩名教職員或學生陪同，但若情況緊急危及他人生命安全，則可免除陪同人員。此外，教師亦負有保密義務，不得隨意洩露檢查結果。

在檢查範圍上，學校可於發現異常情況或接獲檢舉後，檢查學生身體、隨身物品（如書包、手提包）及專屬私人空間（如抽屜、置物櫃），即使最終未發現違禁物品，只要學校依照規定程序執行，仍屬合法檢查，教師無須負擔法律責任。至於宿舍檢查，學校可依宿舍管理規定進行定期或不定期檢查，惟不得檢查學生身體，並須有住宿學生代表或家長代表陪同，且全程錄影保存三年，以供學生日後申訴之用。

教育部試圖在「隱私權」與「校園安全」之間取得平衡，透過明確的標準與程序保障學生權益，同時減少教師法律風險，以建立一個安全且尊重學生權利的校園環境。

理想雖然美好，但現實中的執行卻往往充滿挑戰。法規的制定相對單純，然而真正決定是否落實的，往往是「人」，人在行動時不僅考量法規，還會權衡「成本」。當出於善意的行為需要付出過高的代價，或者善行遭到曲解、扭曲，最終可能導致這些行為無法被執行。這正是當前教育現場所面臨的困境。

教師也是人，也會珍惜自己的生命與身心健康。在校園內，當教師面對越來越多的濫訴，而無法應對這些突如其來的風波時，其承受的心理壓力可想而知。雖然校園安全檢查賦予教師一定的權限，但在當前教育現場，教師稍有不慎就可能遭受質疑與指責，即使最後證明安檢合法，仍可能面臨來自家長、議員或社會輿論等不理性壓力。這樣的處境讓教師不得不考量自身的風險與成本。

因此，最直接且有效的做法就是「報警」，透過公權力的介入來降低自身承擔的風險與壓力，這並非教師不願負責，而是基於理性選擇最能保障自身的做法。教師的初衷通常是希望以自己的方式來解決問題，協助學生改正行為，但若情況超出教師的能力範圍，過度依賴自身的處置可能會引發法律風險，甚至誤傷學生或教師自身的權益。

◎事件19　懷疑學生偷竊，我能直接搜書包嗎？

建宏不當懷疑資源班學生佑杉與班級失竊之物品有關，進而違法搜查，仍無查獲任何物品，學校以建宏違反《注意事項》為由，決議將建宏年度考核列為第4條第1項第2款㉕。

法院怎麼說？

法院認為，對於特殊教育學生，教師應更加考量其身心特性與需求，採取更具彈性的方式來輔導與管教學生。學校在教育場域內享有一定的專業判斷空間，但教師的一切措施仍應確保符合學生的人格尊嚴。

根據建宏的說法，他是在下午上課時發現班級內的戰鬥陀螺遺失，回想起早上佑杉與另一名學生（郭生）曾有可疑行為，於是先請郭生打開書包檢查，發現其中有一盒戰鬥陀螺，隨後再要求佑杉讓他查看書包。法院審視建宏自行錄製的錄音檔後指出，建宏並非負責偵查犯罪的司法警察，不能僅憑個人懷疑就檢查學生書包。此外，建宏是在下午才發現物品遺失，卻以早上的可疑舉動作為依據，這僅屬主觀推測，並無充分證據證明特定學生涉案。

且教師要檢查學生書包，必須符合特定條件，例如：發現學生攜帶或使用違法物品（如槍砲、毒品等）或違禁物品（如菸酒、猥褻書刊等），才能進行檢查。本案涉及的物品失竊問題，與現行教育部規範的「安全檢查」與「違法物品／違禁物品的定義」無關，因此建宏的行為不符合相關規定。

教育真心話

本判決強調，儘管校園內時有物品失竊的情況，但教師不能僅憑懷疑就搜查學生的書包或個人物品。根據相關規定，只有在合理且客觀：通常採取「目測即可看見」的原則，也就是一眼就可以看到違法或違禁的情況下，發現學生攜帶違法或違禁物品，並且遵循正當程序，才能進行必要的檢查。因此，在處理類似事件時，應特別注意學生的權益與法規的適用，以確保校園管理的合法性與適當性。

六、可以「沒收」學生的個人物品嗎？

目前沒有任何法規賦予教師剝奪學生物品所有權的權限，僅有《刑法》的沒收與《行政法規》的「沒入」概念適用於特定情境。因此，在教育現場，教師最多只能對學生物品進行「暫時保管」，而非「沒收」。若物品涉及違法行為（如槍砲、毒品等），教師應通知警方處理；若屬違禁物品或妨害學習的物品（如上課使用手機），則可視情況暫時保管，並於適當時機歸還或通知監護人領回。

關於暫時保管的操作，建議教師：第一，向學生說明保管理由與期限，並強調這是教育手段；第二，原則上僅保管至該節課結束，以降低衝突與責任風險；第三，不必過度擔憂學生挑戰，只要符合規範，即可依法行使暫時保管權。

然而，若在暫時保管期間發生物品遺失或損壞，則可能涉及教師或學校的賠償責任。由於教師並未取得學生物品的所有權，若因過失導致物品受損，仍屬於不法侵害，學校或教師需負擔損害賠償。但若物品損壞是因天災（如火災、水災）或校園遭竊等不可歸責於學校的原因，則學校無須負責；反之，若損害源自學校的管理疏失，則仍可能面臨賠償責任。因此，教師在處理學生物品時，應審慎評估情境，確保自身行為符合法規，避免法律風險。

⑲ 其他部分則為強制措施、違禁違法物品與校園安全檢查，會在P.100～P.108討論。

⑳ 口頭道歉的部分，我將於第五篇〈校園中的言論自由界線在哪裡？〉專篇討論。

㉑ 同時規定，如果特殊教育學生或情節特殊之學生於撰寫陳述書時遇到困難，學校應提供必要協助。

㉒ 第一項：教師依法令之行為教師業務上之正當行為；第二項：為維持教學秩序和教育活動正常進行之必要管教行為，不予處罰；第三項：教師對於現在不法之侵害，而出於防衛自己或他人權利之行為，不予處罰，但防衛行為過當者，得減輕或免除其處罰；第四項：教師因避免自己或他人生命、身體、自由、名譽或財產之緊急危難而出於不得已之行為，不予處罰，但避難行為過當者，得減輕或免除其處罰。

㉓ 民法第149條與刑法第23條也都有相關的規定。

㉔ 其要件為：⑴客觀上須存有緊急之危難情狀，亦即對於行為人或他人生命、身體、自由、財產法益存有緊急性的危難；⑵主觀上避難行為須出於救助意思，行為人認知到危難情狀而出於避難之意思；⑶避難行為具備必要性且符合利益權衡，必須是為達到避難目的而採取的有效手段，且選擇損害最小的手段，就被救助與被犧牲的法益加以權衡結果，被救助法益具有優越性，並符合手段與目的相當性（臺灣高等法院113年度上易字第808號刑事判決）。

㉕ 公立高級中等以下學校教師成績考核辦法第4條第1項第二款：在同一學年度內合於下列條件者，除晉本薪或年功薪一級外，並給與半個月薪給總額之一次獎金，已支年功薪最高級者，給與一個半月薪給總額之一次獎金：（一）教學認真，進度適宜。（二）對輔導管教工作能負責盡職。（三）對校務之配合尚能符合要求。（四）事病假併計未超過二十八日，或因重病住院致病假連續超過二十八日而未達延長病假，並依照規定補課或請人代課。（五）品德無不良紀錄。

本篇重點法條

《學校訂定教師輔導與管教學生辦法注意事項》

第四篇

校園中的違法處罰有哪些？

在學校裡，教師在輔導與管教學生時，難免會受到情緒或情境的影響，這可能會使教師無意間超過適當的管教範圍，甚至觸及教師法第14條、第15條或第18條的規定。這些法律條文涉及教師的行為規範，若不遵守，可能會對教師職業生涯造成嚴重後果，甚至不得不提前結束教師生涯。因此，教師最重要的職業素養之一，就是保持冷靜、理性，避免因一時衝動或情緒化的反應而進行過度處罰。

當然，保持冷靜並不容易，但教師必須意識到，情緒化的處罰或過激行為，不僅會傷害學生的身心發展，也會為教師帶來法律風險，而過度的管教手段，無論是體罰、語言侮辱，或讓學生承受不必要的身心壓力，都可能違反教育法規並引發相關訴訟。

為避免無意間觸法，教師應該時刻檢視自己的行為是否符合教育規範。例如，因法律已明確禁止體罰，所以任何形式的身體懲罰不僅無法達到教育目的，還可能讓教師面臨民事賠償或刑事責任；而情緒管理不當，讓學生承受過度責罵或羞辱，也可能引發家長或學生的申訴。因此，教師在處理學生問題時，應以理性、冷靜的態度，採取合適的輔導與引導方式。

接下來，我們將介紹一些校園內常見的違規處罰類型，幫助教師更清楚了解可能會觸及法律紅線的行為。希望每位教師都能夠時刻保持警覺，檢視自己的言行，確保在履行教學職責的同時，遵循法規，保護學生，並確保自身職業的安全與長久發展。

壹 體罰[26]的定義為何？

禁止體罰的規定在教育基本法第8條第2項：

「……並使學生不受任何體罰及霸凌行為，造成身心之侵害。」

如何定義體罰呢？我們來看看教師法施行細則第8條第1項的規定：

「本法所稱體罰，指教師於教育過程中，基於處罰之目的，親自、責令學生自己或責令第三者對學生身體施加強制力，或責令學生採取特定身體動作，使學生身體客觀上受到痛苦或身心受到侵害之行為。」

根據此定義，需要同時符合下列三個要件：

「基於體罰目的＋施加強制力（特定動作）＋身體客觀上受到痛苦或身心受到侵害」

常見的體罰類型有下列四種：

類型	體罰實例
教師親自體罰	毆打、鞭打、打耳光、打手心、打臀部或責打身體其他部位等。
命學生自己打自己	命學生自打耳光等。
命學生相互打	命學生互打耳光等。
命學生採取特定身體動作	交互蹲跳、半蹲、罰跪、蛙跳、兔跳、學鴨子走路、提水桶過肩、單腳支撐地面、上下樓梯或其他類似之身體動作等。

判斷一個行為是否屬於體罰，首先要問的是：這個行為的目的究竟是「處罰」學生，還是「輔導管教」學生？而許多教師最關心的問題——該如何區分兩者的界線？從《刑法》的角度來看，內在動機通常難以直接證明，因此會透過外在行為手段，再結合社會客觀標準（社會通念）來推測行為的真正目的。

具體來說，判斷的重點在於行為手段與教育目的是否相符，以及該行為對學生的影響程度是否過重㉗。特別是對學生身心的影響程度，往往是決定該行為是否構成體罰的關鍵因素。如果行為對學生造成嚴重影響，即使教師主觀上認為是輔導管教，仍可能被認定為體罰。

在P.88的**事件14**中，教師要求學生罰抄課文三次，原因包括未量體溫、未繳作業以及與學導師交談等三件事。法院認為，這種方式與管教目的之間的關聯性過低，因此有可能被視為「處罰」而非「輔導管教」。

不過，由於罰抄對學生的影響程度並不嚴重，最終法院認定該行為不構成體罰，但仍屬於不當管教。這個案例提醒我們，教師在管教學生時，應確保所採取的手段與教育目的具有相當的關聯性，否則即便行為未達體罰程度，仍可能被認定為不當管教，甚至涉及違法風險。

○事件20　學生提議罰抄課文改罰走樓梯，我該同意嗎？

學生主張其因未能完成罰抄課文，於是提議改以罰走1至5樓樓梯，來回10趟之方式替代，當時並有其他同學在一旁監督照護之事實，教師也允諾。

法院怎麼說？

法院認為，導師作為持有專業證照的教師，應具備辨別適當管教方式的能力，當學生提出以「上下樓梯」作為處罰時，導師理應察覺該方式不妥。此外，根據學校制定的《注意事項》，上下樓梯已明文列為禁止的處罰方式。

即使這項處罰方式是由學生提出，但導師同意執行後，仍無法免除其責任，因此該行為屬於不當管教。此外，導師在執行該處罰時，還命令其他同學在旁監督與照護，顯示其行為已違法執行職務，並侵害學生的身體、健康、自由及名譽等人格權。因此，學校對此事件應負起國家賠償責任。

教育真心話

本案雖然發生較早，但根據資料顯示，禁止以「上下樓梯」作為管教手段，早在民國105年就已納入《注意事項》。許多學校也應該辦理過相關研習，因此教師無法以「不知道」或「不知情」來免除自身責任。

雖然「上下樓梯」已屬於《注意事項》中的體罰範疇，但並非所有涉及體罰的行為都會直接導致教師解聘，仍需視對學生的影響程度而定。本案中，學生並未因處罰而產生身體痛苦或身心侵害，因此法院認定此行為屬於不當管教，而非體罰。

此外，教師在教學現場的決策方式也值得注意。有時，教師是出於尊重學生意見、鼓勵參與的初衷，讓學生自行決定處罰方式，甚至在獲得學生同意後執行。然而，即便學生同意或提出建議，也無法免除教師應負的法律責任。法律所規範的義務，即應該或不應該做的事項，是明確且不容更改的。教師仍須依據法規行事，確保教育行為不違反相關規定。

○事件21　罰抄課文的限度在哪裡？

家長檢舉某教師對學生的處罰方式，除了撿垃圾外，還包括抄寫課文，且抄寫數量依學生犯錯件數累積，若持續犯錯，需抄寫的課數也隨之增加。

經校事會議決議組成調查小組後，確認該教師的處罰方式確實以課為單位，並依學生犯錯次數逐步增加抄寫量。此外，教師於訪談中坦承，抄寫課文的目的並非為了幫助學生學習，而是為了讓學生維持書寫姿勢，直到完成課文為止。然而，對於國小一年級學生而言，他們才剛開始學寫國字，手部小肌肉尚未發展完全，書寫速度本就較慢且吃力。在此階段，若強制要求過度書寫，可能導致身體痛苦，甚至影響手部小肌肉的發展，因此此種管教方式顯然已超過合理範圍。

調查小組進一步勘驗學校一年級國語課本第1課至第6課的課文內容，總計402字。教師要求學生抄寫課文的字數，顯然已遠超過學生能夠負荷的範圍。此外，教師以抄寫課文作為管教手段，與其輔導學生遵守常規的目的並無直接關聯，此種行為已符合體罰的要件。

○事件22　可以讓學生在密閉空間自我反省嗎？

家長投訴稱孩子回家後表示導師會打學生，並因此要求轉班。學校接獲投訴後，召開校事會議並成立調查小組，調查結果認定：導師為了讓學生服從管教，曾以拍打肢體的方式處罰學生，此外，當學生跑進廁所或儲藏室時，導師施加強制力，將其留置在廁所或關進儲藏室，使學生產生恐懼，以達到威嚇效果。上述行為已明顯屬於體罰。

學校校事會議討論後，同意調查小組的事實認定，並依據教師法第15條，建議解聘導師。後續經教評會決議，最終依教師法第18條第1項規定，對導師做出終局停聘2年的處分。

○事件23　學生犯錯可以罰站但不能打雙手？

學校接獲班上同學投訴教師處罰學生，依程序進行校安通報並召開校事會議成立調查小組。經調查確認，該教師於當日中午將小豪叫至講台前，確認其在課堂上說話後，未進一步詢問緣由，便要求小豪舉起雙手，並以長1公尺之木尺打小豪1下，因擊中拇指根部骨頭，小豪感到疼痛，雙臂自然放下。

然而，教師隨即朝小豪雙手手腕及前臂連續打了12下，導致木尺當場斷為3截，並造成小豪手腕及前臂明顯紅腫傷痕。此外，教師還要求小豪至走廊罰站約30至45分鐘，並在罰站期間對小豪說：「你不要給我吃乎肥肥，裝乎垂垂（臺語）。」等語。

調查小組認定，單純要求罰站30至45分鐘可視為符合部頒注意事項第22點第1項第13款規定的正向管教措施，但教師以木尺打小豪共13下，明顯屬於體罰，且處罰方式已超乎常理。考量教師已認識到自身行為屬體罰，且犯後態度良好，表達悔意，雖然情節重大，但尚未達到解聘、不續聘或終局停聘的標準。因此，調查小組建議撤銷其導師職務、記大過一次，並移送學校考核會審議。

○事件24　體罰有分輕重嗎？

教師建宏多次以強行勾住學生脖子拖行、推點額頭及身體、拉扯、搧巴掌等方式傷害學生，這些行為明顯違反《教育基本法》所禁止的任何導致學生身心侵害的體罰行為，也屬於《兒童權利公約》所規範的暴力體罰與有辱人格的懲罰方式。特別是勾住學生脖子拖行或打耳光，根本不符合法律規範，無論行為人如何辯稱是紀律管教或合理管教，這些行為都涉及《刑法》上的傷害罪或強制罪。而且，若因體罰行為遭到起訴，無論行為人如何抗辯，或辯護人如何主張，皆不得以「合理」或「輕微」體罰作為抗辯理由。

因此，建宏採取上述違反教育精神的暴力行為，已經超出教師懲戒權的範疇，不能以行使懲戒權時的過失來抗辯僅構成過失傷害，更無法引用教師懲戒權作為阻卻違法性的理由。如果教師可以對學生進行無限制的管教行為，並僅因懲戒權保障而最多承擔過失罪刑，甚至因此免除違法性，那麼這樣的說法將與司法實務及社會現實相違背。因此，法院並未採納教師的抗辯理由，認定其說法僅是事後推卸責任，無法成立。

◯事件25 學生認錯後，當眾打臉頰。

教師建宏在接獲其他學生通報小豪疑似竊盜後，詢問其是否屬實，並於小豪承認後，明知其年僅13歲，卻仍在教室內以徒手掌摑其左臉頰3下，導致小豪左側顏面擦挫傷，明顯侵害其身體權。

此外，建宏體罰小豪時，全班大部分同學均在場，當眾掌摑他人臉頰的行為，不僅帶有輕侮、貶損及鄙視意味，也足以讓人產生羞辱與難堪之感，對小豪的人格尊嚴造成嚴重影響。這種在特定多數人面前故意施加的行為，不僅損及小豪在同儕間的形象與評價，還侵害其名譽權，並導致其精神上承受極大痛苦。因此，小豪依據相關法律規定，請求教師賠償非財產上的損害（精神賠償），具有充分理由。

○事件26　午休結束後，可以用麥克風敲頭叫醒學生嗎？

教師建宏在午休結束後，見小豪仍趴在桌上未起，便拿授課用的麥克風敲打其頭部約3至4下，導致小豪頭頂出現鈍傷。建宏明知以麥克風敲打學生頭部可能會造成傷害，卻仍然執行此行為，顯示其具有傷害的故意，即使未必希望造成嚴重傷害，也已預見此行為可能導致受傷，仍選擇放任結果發生。

此外，建宏在案發時已在校服務近30年，作為具有一定智識與經驗的成年人，理應清楚頭頂為人體脆弱部位，在未有適當防護下，以金屬材質的麥克風敲打，極可能造成傷害。然而，教師仍執行此行為，顯示其對於傷害結果的發生並非無知或疏忽，而是明知可能受傷卻仍放任發生，因此應認定其行為具有故意的意圖。

○事件27 學生互打，老師卻旁觀助陣！

補習班教師建宏在教室內見兩位學生因寫作業發生爭執，建議其中一人先下課返家，然而兩人均不願意。明知兩名學生皆未滿12歲，心智發展尚未成熟，教師卻提議讓雙方互打巴掌，直到一方認輸為止，以此方式決定勝負。過程中，教師不僅未制止，還面帶微笑表示：「有氣勢喔！」、「手要小心喔！不要打耳朵！」、「如果犯規要打兩下喔！」等語，進一步鼓勵雙方互打，導致兩名學生臉部受傷，最終家長報警處理。

法院認定，教師的行為構成「間接正犯」，即行為人雖未親自實施犯罪行為，但透過他人實現犯罪構成要件。由於兩位學生均為未成年兒童，缺乏犯罪故意，教師利用他們進行互相傷害，等同將學生當作犯罪的工具，最終構成犯罪行為。

○事件28 可以要求學生在下課時交互蹲跳嗎？

根據學生們接受調查訪談的資料，教師建宏曾要求小豪與其他至少8名學生在下課時間進行跳躍懲罰，包括10分鐘下課需跳500下、20分鐘下課需跳1000下，並禁止學生離開教室。學生們表示，長時間的跳躍導致肌肉痠痛，且心理上感到不適。調查小組進一步計算發現，學生們每天需跳3500下，一週累計達17500下。此外，建宏亦承認曾要求學生扶著平臺原地跳500下。調查小組最終認定，該行為屬於教師法施行細則第8條所規範的體罰行為，且涉及學生人數眾多，難以認定情節輕微。

教育真心話

綜合以上體罰案例，法院已明確指出，任何形式的體罰行為皆屬違法。無論教師是出於希望改正學生行為或強化紀律的善意初衷，只要實際上對學生施以肢體懲罰（如敲打頭部、手部、臉頰）、以額外作業量作為懲罰，或藉第三者對學生施加傷害，皆會被認定為體罰行為。

換言之，體罰的形式多樣，並不局限於傳統印象中的肢體處罰。在本書中無法逐一列舉所有可能的情境，但希望各位教師在閱讀後，能時刻提醒自己，無論出發點多麼良善，都應以「平心靜氣」的態度，採取「適度」且合法的方式來管教學生，確保行為既符合法律規範，也不違背教育本質。

26 即明文禁止教師在教育過程中，對學生身體施以體罰，使學生身體客觀上受到任何侵害。又按應保護兒童於受其父母、法定監護人或其他照顧兒童之人照顧時，不受到任何形式之身心暴力、傷害或虐待、疏忽或疏失、不當對待或剝削；應確保學校執行紀律之方式，係符合兒童之人格尊嚴及本《公約》規定；應確保所有兒童均不受酷刑或其他形式之殘忍、不人道或有辱人格之待遇或處罰，乃分別為聯合國兒童權利公約第19條第1項、第28條第2項、第37條a款所明文保護。又依兒童權利公約施行法第2、3條規定，《公約》所揭示保障及促進兒童及少年權利之規定，具有國內法律之效力，且適用《公約》規定之法規及行政措施，應參照《公約》意旨及聯合國兒童權利委員會對《公約》之解釋。而參酌聯合國兒童權利委員會針對兒童受保護免遭體罰和其他殘忍或不人道形式懲罰之權利闡述：兒童的健康發育取決於家長及其他成年人依照兒童不同階段接受能力，給予必要的引導和指導，培養兒童走向對社會負責的生活；體罰的程度雖有不同，但總是有辱人格。此外，還有其它一些也是殘忍和有辱人格的非對人體進行的懲罰，因而是違反《公約》的行為；委員會雖拒絕接受任何對兒童採用暴力和侮辱形式懲罰的理由，但絕不反對正面的紀律概念；「所有生理或精神暴力形式」絕未留有任何可合法的暴力侵害兒童現象的餘地。體罰和其他殘忍或有辱人格形式的懲罰都是暴力形式；體罰行為顯然與尊重兒童的人格尊嚴和人身安全的平等和不移的權利直接相衝突；兒童的天然特性、兒童最初的依賴性和發育狀況、他們特殊的人格潛力以及兒童的脆弱性，都需要獲得更多，而不是更少的法律和其他方面的保護，以免遭受一切形式的暴力侵害；對兒童最佳利益的解釋必須與整個《公約》相符，包括保護兒童免遭一切形式暴力的義務，以及對兒童意見給予必要考慮的規定；兒童的最佳利益不能用於為某些行為，包括體罰和其他殘忍或有辱人格形式的懲罰作辯護的理由，體罰違反兒童的人格尊嚴和人身安全權；各國還必須在其《民法》或《刑法》中明確禁止體罰和其他殘忍或侮辱性形式的懲罰，從而明確的規定，打兒童或對其「打耳光」或「打屁股」和對成年人的這種行為一樣都是不合法的，而且有關侵害行為的刑事法同樣確實適用於此類暴力行為，不論這種暴力行為是被稱之為紀律管教，還是「合理的管教行為」；禁止體罰條款強調，當家長或其他照管人被按照《刑法》起訴時，他們再也不可援用採取（「合理」或「輕微」）體罰的做法，是家長或其他照顧者的權利等任何傳統的辯護理由（參照臺灣臺北地方法院112年度易字第867號刑事判決）。

27 按《高級中等以下學校教師解聘不續聘停聘或資遣辦法》需考量以下四個判準：「對學生身心造成之侵害程度」、「對學生之侵害行為應受責難程度，包括故意、過失、悛悔實據及其他相關因素」、「對學生侵害行為之次數、頻率、行為手段、重複違犯及其他相關因素」、「是否存在阻卻違法事由？」

貳 霸凌的定義為何？

禁止霸凌的規定在教育基本法第8條第2項：

「……並使學生不受任何體罰及霸凌行為，造成身心之侵害。」

那霸凌的定義又是什麼呢？我們來看霸凌防制準則第4條第1項第4款：

「霸凌指個人或集體持續以言語、文字、圖畫、符號、肢體動作、電子通訊、網際網路或其他方式，直接或間接對他人故意為貶抑、排擠、欺負、騷擾或戲弄等行為，使他人處於具有敵意或不友善環境，產生精神上、生理上或財產上之損害，或影響正常學習活動之進行。」

後來為因應新北市國中的割喉案件，教育部修正部分條文，其中第71條就是因應「一次性」的情況[28]，也就是雖然不符合霸凌定義的「持續性」，但只要符合第71條「故意」傷害他人之身體或健康，也算是霸凌的一種。

從定義我們可以得知，除第71條外，符合霸凌的要件有四個：

「侵害行為＋故意性＋持續性＋損害結果」

霸凌行為首先須具備**侵害行為**，根據《防制準則》，霸凌的行為範圍限縮在「貶抑、排擠、欺負、騷擾或戲弄」這五種類型，若不屬於其中之一，則不構成霸凌。在行為樣態方面，《準則》雖然舉例了「言語、文字、圖畫、符號、肢體動作、電子通訊、網際網路」等形式，但最終仍補充「或其他方式」，也就是說，任何能達到霸凌目的的行為，不論其表現形式為何，都可能構成霸凌，而不僅限於文字或特定媒介。

再者，霸凌行為須具備**故意性**，亦即行為人在實施該行為時，須具有故意的意圖。然而，這種故意並非由行為人主觀認定，而是應依社會客觀標準加以判斷其行為是否具備故意性。通常，我們會參照《刑法》的相關規定作為判斷標準，以確保評估的客觀性與合理性。

第三個要件是**持續性**[29]。教師們常疑惑「多久一次才算持續？」或「持續多久才符合持續性？」在此提供兩個輔助判斷標準：第一，是否導致受害學生處於「具有敵意或不友善的環境」，若行為使受害人長期感到恐懼、不適或壓力，即可認定具有持續性。第二，行為的次數與種類，若同一種霸凌行為頻繁發生（如多次排擠），或是不同類型的霸凌行為交錯出現（如同時有貶抑、排擠、欺負），則可認定具有持續性。

最後一個要件是**產生損害結果**，包括精神上、生理上或財產上的損害，或對正常學習活動造成影響。例如，受害學生出現抗拒上學、自我傷害的行為，或是日常行為模式發生顯著變化，這些都可視為霸凌導致的損害結果。只要霸凌行為對受害人造成實質負面影響，即可認定該行為符合霸凌的構成要件。

目前法院實務對於霸凌的調查結果看法如下：

「校園霸凌事件之調查處理程序，係依《防制準則》規定而組成之防制校園霸凌因應小組，根據個人學識素養與經驗，並就疑似校園霸凌事件進行調查後所為之判斷，具有高度之專業性與屬人性，則法院為司法審查時，基於尊重其不可替代性、專業性及法律授權之專屬性，承認防制校園霸凌因應小組就此等事項之決定，有判斷餘地，對其判斷採取較低之審查密度，僅於其判斷有恣意濫用及其他違法情事時，得予撤銷或變更。」[30]

也就是說，如果調查與認定的過程符合程序，且沒有明顯違反客觀事實、基於錯誤事實做判斷，或是有悖於一般常理的情況，法院通常會尊重因應小組的審議結果。

因此，教師在處理學生行為與相關爭議時，應確保自己的行為合乎教育原則與程序正義，避免因處理不當而引發法律責任或教育爭議。這一點值得所有教育工作者特別留意，以確保自身決策的合理性與正當性。

○事件29　幫學生拍照上傳、取綽號會構成霸凌？

教師建宏未經小達同意拍攝其照片並上傳至班級群組及電子白板，小達認為照片不好看，且建宏的言語讓其感到被嘲笑，但無人協助刪除。建宏稱此舉為記錄畢業旅行回憶，僅刪除手機內照片，未移除群組內圖片，同學們隨後對照片進行改圖並傳播，小達見狀僅無奈離開。

此外，小達因姓名最後一字「達」被同學取綽號，與不雅詞彙諧音，儘管曾向建宏反映，卻未能有效制止，直至家長向學務處投訴後才停止。調查中，建宏否認創造綽號，但承認偶爾附和學生稱呼，且同學們對綽號起源無明確記憶，亦未察覺小達強烈不滿，僅偶見其皺眉或因不悅動手推打他人。

法院怎麼說？

調查小組認定，教師與班上其他學生對小達的互動，涉及集體且持續性的言語及網路貶抑、戲弄行為，直接或間接導致小達處於敵意或不友善的校園環境，難以抗拒，並造成精神、生理或財產上的損害，影響其正常學習活動，因此認定本案構成霸凌。

○事件30 學生行為不當，將陳述單貼在其他家長群組！

法院認定，教師建宏要求小豪如果要透過導師領取媽媽寄放的備用文具，必須書寫借據並請同學簽名作證，並無助於督促或改進其行為，且不符合該年齡階段的教育方式。此舉可能使小豪自認低人一等，對其心理發展造成負面影響，甚至讓其他同學對其產生異樣眼光，形成不友善的學習環境，構成關係霸凌。此外，教師未積極與家長溝通，反而透過權威要求小豪書寫證明文件，使全班學生捲入親師衝突，讓小豪感受到差別對待，加劇不友善氛圍。

在處罰方式上，法院質疑教師單獨要求小豪書寫陳述單，且張貼於無小豪母親參與的家長群組中，讓其他家長知悉並討論小豪行為，進一步導致同儕排擠與孤立。此外，教師強調小豪曾對同學施暴或罵人，要求小豪與目擊學生書寫紀錄，甚至讓小豪簽下「認罪」字樣，顯示教師利用權力對小豪進行針對性標籤化，違反教育公平原則，構成言語與關係霸凌。

另外，建宏在未經查證便散布小豪感染頭蝨的消息，甚至捏造校護檢查結果，導致其他學生不敢接近小豪，使其遭受孤立與排擠。即使後續校護已證明小豪並無感染，教師仍未及時澄清，持續傳播不實訊息，對小豪的心理造成嚴重影響，法院認為此舉構成校園霸凌。

最後，法院認為，建宏在家長群組中頻繁指責小豪行為，甚至號召家長連署要求其轉學，未能以教育角度導正學生行為，反而加深對立，損害小豪的受教權益，並使其處於不友善的環境。法院強調，即便小豪行為曾有不當，亦無法合理化教師對其進行的霸凌行為。

教育真心話

除了以上兩個案例外，也包括公開貶低學生的外貌，如嘲笑其身高、體型與長相，批評其穿著打扮，甚至當眾取侮辱性的綽號，或大聲斥責等，這些舉動都會造成學生心理上的壓力與負面影響，符合校園霸凌的定義。

另外，霸凌行為往往具有持續性，並不像一般的傷害或體罰能立即被察覺，因此舉證難度較高。除了依賴班上同學的證詞，錄音也是一種有效的佐證方式，可以幫助證明霸凌的事發經過。根據法律，錄音資料在符合特定條件下可作為證據使用[31]，特別是在涉及學生權益與校園安全的情況下，更能發揮舉證與保護受害者的作用[32]。

因此，在面對校園霸凌事件時，適當運用錄音等客觀資料，能夠更有力的支持受害學生的主張，確保公平與正義得以伸張。

㉘ 校園霸凌防制準則第71條：相同或不同學校學生於校園內、外，個人或集體故意傷害他人之身體或健康者，學校應準用本準則檢舉、審查、調和、調查及處理相關規定辦理。

㉙ 依性別平等教育法（以下簡稱《性平法》）第2條所定性霸凌之定義，係「指透過語言、肢體或其他暴力，對於他人之性別特徵、性別特質、性傾向或性別認同進行貶抑、攻擊或威脅之行為且非屬性騷擾者。」，參照該條文立法過程資料，立法通過時並無性霸凌需「長期或重複」之要件（一般學術研究所述「持續」及「連續」之概念），爰遭受性霸凌之被害人僅受一次傷害，即有構成性霸凌之可能（中華民國104年7月15日臺教學（三）字第1040091045號）。

㉚ 參考高雄高等行政法院高等庭112年度訴字第138號判決。

㉛ 在性別事件中的錄音證據呢？法院目前實務見解認為，性別事件的錄音影如係以非暴力取得，可當作證據，這是因為性侵害或性騷擾之不法行為，常以隱密方式為之，並因隱私權受保護之故，被害人舉證極度不易，苟取得之證據具相當重要性與必要性，取得之行為非以強暴或脅迫等方式為之，基於裁判上之真實發現與程序之公正、法秩序之統一性或違法收集證據誘發防止之調整，綜合比較衡量該證據之重要性、必要性或審理之對象、收集行為之態樣與被侵害利益等因素，即得採為裁判基礎之證據（摘錄自臺灣高等法院臺中分院112年度上易字第386號民事判決）。

㉜ 另外可以參考臺灣高等法院112年度上易字第247號民事判決，摘錄如下：「況A童之母依民法第1084條第2項規定對於未成年之A童有保護及教養之權利義務，A童於108年9月26日既已有抗拒上學狀況，A童之母身為家長，為求明瞭A童在校內生活及學習情形及與老師及同學互動狀況，以探查A童情緒困擾之形成原因，方有在A童書包放置錄音器材進行錄音之舉，客觀上並非長期、恣意、針對上訴人進行監聽，衡諸社會一般生活經驗，可認A童之母係出於保護教養孩童之

正當目的，以錄音方式蒐集取得上訴人聲音談話等個資，難認有侵害上訴人隱私或個資之故意……依上，綜合考量A童之母私下錄音之特定目的在保護教養未成年子女而有正當性，錄音地點在教室內，屬師生公開活動場所，與前述目的具合理關聯，上訴人受干擾期間非長時間，錄取內容包含上訴人與學生間互動所自行公開之聲音，在教室內未授課時雖亦受錄音，但教室仍屬其他師生可能進入之公開場所等因素，堪認A童之母所為錄音之妨害並未逾越社會通念所能容忍範圍，合於個資法第19條第1項第3款、第8款規定，並無違法可言。」

參 什麼是不當管教？

不當管教的定義在注意事項的第4點第6項：

「指教師對學生採取之管教措施，違反輔導管教相關法令之規定，而使學生身心受到侵害之行為。」

換言之，是指教師在為輔導管教行為時，雖然違反輔導管教法令，其情節「未達」體罰或霸凌的程度，就可以認定是不當管教。

從這邊可以得出第二個重點，就是教師對於學生的輔導管教方式僅限於《注意事項》中所規範的內容，**無法自創**新的管教措施：

「被告身為國小教師，於採取上揭一般管教措施等手段輔導管教學生時，除應注意遵循上開規範，而以有助於達成管教學生之特定目的及合理性外，更應注意不得有違反平等原則及比例原則之情形。換言之，被告對學生施以輔導管教措施時，必須注意係針對學

生之特定違規行為，於上開規範《注意事項》可允許之措施中，應選擇對侵害學生權利較小之措施，而非可自行選擇上開規範授權『外』之管教措施。」[33]

如果發生不當管教，教師受到懲處的範圍為何呢？

教師若涉及體罰或霸凌，懲處範圍從考核記過到解聘，嚴重者甚至終身不得擔任教師。而不當管教則依公立高級中等以下學校教師成績考核辦法第6條規定，最高僅能記小過，不像體罰或霸凌那麼嚴重，符合比例原則。

但若不當管教涉及體罰或霸凌，調查方向可能轉向較嚴重的處分。值得注意的是，體罰、不當管教及其他違法處罰，只要發生「單次」即可認定；但霸凌則須具備「持續性」，這是判定上的重要差異，教師們應特別留意。

○事件31　學生未依要求收拾書包，直接把學生的東西丟掉！

根據調查，三名學生表示，教師曾要求學生將書包放進置物櫃，否則就會把書包丟出去。其中，兩名學生雖未親身經歷，但目睹其他同學的書包多次被丟。另外，一名學生提到，自己因為在課堂上打瞌睡，教師拉動他的桌子，導致桌子翻倒。

經申評會認定，教師將學生書包與鉛筆盒丟到教室走廊的行為，被認定為侵犯學生財產權，且以不適當方式作為管教手段，違反相關規範。此外，拉動學生桌子導致翻倒的行為，也被視為不當管教。

同時，有家長指出，教師曾對全班學生說：「不要以為校外教學很好玩，其實很危險，很多人都在遊覽車上被燒死。」此言論讓學生產生恐懼，甚至害怕搭乘安親班的接送車。依據管教規範，教師應先鼓勵學生採取正向行為，再適時給予指正，而非以極端言論影響學生的價值觀和心理發展。

◯事件32　學生課堂中趴在桌上，逼迫學生道歉！

在課堂中，小豪趴在桌上，建宏發現後口頭指正，並要求小豪道歉。根據建宏在訪談中的說法，他曾要求小豪說明趴在桌上的理由，但因未聽清楚小豪的回答，便表示會通知家長，並再次要求小豪道歉。然而，小豪仍未明確說明理由，於是建宏第三次要求道歉，並強調必須說明原因。儘管小豪後來清楚道歉，但因未附上理由，建宏仍要求其補充說明。

在這樣的壓力下，小豪感到屈辱與委屈，情緒激動，甚至出現換氣過度的情況，最終前往健康中心休息。小豪認為建宏長期針對自己、不喜歡自己，因此產生嚴重心理壓力，最終發生跳樓事件。

調查小組認定，建宏再三逼迫學生道歉，且要求說明理由，未能考量學生的心理狀況與個別差異，違反教育部相關管教規範，未符合學生人格尊嚴，屬於不當管教。因此，教師的行為確實存在過失，應予以檢討。

○事件33　球隊教練態度強硬要求學生練球！

小豪因自身身心狀況無法繼續練球，也難以承受教練的壓力，導致心理受挫，開始逃避。然而，教練並未關注小豪的心理變化，反而一味認為他態度不認真，長期對其責罵，使小豪產生「習得性無助感」，也就是無論如何努力都覺得自己做錯、不被肯定。這種管教方式，已違反教育部注意事項第14點關於輔導應考量學生心理狀況的規定。

在與小豪的互動中，教練未顧及其無法承受練習壓力及長期被責罵所帶來的心理狀況，直接宣布小豪退隊，並在過程中態度強硬、言詞咄咄逼人。此舉不僅未遵守適當的輔導原則，更違反注意事項第12點比例原則與第14點應尊重學生身心發展的規範。

此外，教練以小豪在參加北區及全國賽後退隊為由，要求其支付這些比賽的相關費用。然而，此要求並無法律依據，且學校應為參賽學生提供經費支援，小豪仍具校隊身分，卻被要求自行負擔費用，此舉已違反注意事項第14點不得侵害學生財產權的規定。

◯事件34　公開指責學生作弊，要求學生到窗邊考試。

建宏在課堂上發現小豪轉頭，疑似偷看旁邊同學的答案，便當場對小豪說：「請你不要看別人的答案，你到窗邊站著寫。」然而法院調查後認定，當時小豪年僅7歲，正值小學二年級，剛進入正式義務教育階段，對於測驗的意義仍然懵懂。

無論小豪轉頭的行為是否真的是在作弊，建宏在全班同學面前公開指責，並要求他站到窗邊作答，對年幼的孩子來說，直接感受到的不是考試規範的教育，而是羞辱與難堪，甚至可能對學習產生負面影響。因此，法院認定該建宏的輔導與管教方式未能充分考量學生的年齡及心理狀態，確有不當，學校核定教師申誡1次的懲處並無不當。

○事件35　對學生有許多肢體動作

建宏在授課期間曾要求學生小豪、志杰罰跪，並且經常對學生有肢體動作，例如：以手或書本拍打、敲擊學生頭部和肩部，捏脖子、丟擲粉筆，甚至用鉛筆盒或捲成筒狀的課本敲打頭部。此外，建宏曾掌摑志杰的頭，對班上吵鬧的學生則以拍頭、捏後頸、丟鉛筆盒等方式處罰。這些行為與學生的陳述相符，且建宏本人亦承認確有其事，因此法院調查後認定，其體罰行為具有反覆性與持續性，並非偶發或意外。

兒童的身心尚未成熟，尤其頭部與頸部屬於脆弱部位，即使施力輕微，也可能帶來嚴重後果。此外，要求學生罰跪不僅可能造成心理創傷與自卑感，更會貶低學生的自尊，影響其自我認同。無論這些行為最終是否造成明顯的身心傷害，客觀上已對學生的身心發展帶來不良影響，甚至存在重大風險，超出了社會可接受的管教範圍。

○事件36　要求學生利用午休在走廊補寫作業不行嗎？

建宏讓小豪在走廊罰寫作業的做法，是因小豪未完成作業與訂正，且沒有午休習慣，而走廊光線明亮，因此安排其於午休時間完成罰寫。然而，雖然這個舉動能促使小豪完成作業，但走廊為無牆面、窗戶遮蔽的室外空間，易受天氣影響，長時間暴露於陽光下閱讀或書寫，可能導致視力受損，並非適合學童罰寫作業的場所。

此外，建宏承認安排小豪在走廊罰寫的次數不只一次，這種標記性、反覆實施的管教方式，容易讓教室內的同學及經過走廊的人對小豪投以異樣眼光，使小豪感受到與同學隔離、遭受差別待遇，超出輔導與管教的必要性。相較之下，建宏本可採取影響較小的替代方案，例如：事先確認小豪不願午休，與家長溝通後安排其於教師辦公室或其他室內場所罰寫，或是在放學後增加作業量來達成同樣的目的，這樣既能讓小豪完成作業，也不會產生標籤化效果，損及自尊。因此，建宏的管教方式並非對學童權益影響最小的手段，且違反平等原則、比例原則與合理原則，構成不當管教，並已侵害原告人格權。

教育真心話

上面舉了幾個不同的例子，其實不只如此。不當管教跟體罰與霸凌一樣，樣式多元而難以捉模，接下來就讓我再隨意舉幾個樣態供各位參考：

無正當理由下，罰寫有差別待遇；學生上課遲到10分鐘，卻被罰整天都不能下課；對於某位學生的違規行為卻連坐處罰其他同學；自訂違反校規作息的提早到校時間，如7：20分就視為遲到；罰抄作業的量與管教目的不合；讓學生罰站超過2小時；讓違規的學生中午到陽台吃飯或午休；背著重物罰站或是做打掃工作；在走廊罰跪；拿聖經罰抄作業；在教室後面跪著或是趴著寫作業[34]。

所以，其實不當管教的類型眾多，很難用幾個案例全數列舉，只能建議各位教師在為管教行為前必須先平心靜氣的好好思考。

[33] 參考臺灣高等法院112年度上易字第849號刑事判決。

[34] 參考高雄高等行政法院108年度訴字第78號判決。

肆　其他違法處罰有哪些？

其他違法處罰，按《注意事項》附表一的定義，是指教師的行為違反刑事法律之公然侮辱、誹謗、強制、恐嚇等行為，或違反與教師專業倫理相關之行政法規（例如《性別平等教育法》、《兒童及少年福利與權益保障法》等），而使學生身心受到侵害之違法行為。

換言之，若不是因體罰、霸凌與不當管教，而是其他行為造成學生身心傷害，通常會以《刑法》當作參考標準。

◯事件37　學生上課時未及時返回教室，當眾抽打學生。

建宏身為導師在第三節上課時，發現小豪與志杰未及時返回教室，並由其他班的導師帶回。建宏對此感到不滿，在課堂上當著多名學生的面，強行脫去小豪的褲子，並以硬質塑膠條抽打小豪的臀部，導致其受有瘀傷並感到羞辱。

法院怎麼說？

根據刑法第309條第2項，強暴公然侮辱罪的成立要件包括對被害人施加不法的身體力量，使其在精神或心理上感到難堪或不適。例如，當眾打耳光、潑汙水、強行拉下他人裙子或褲子，或將人強行帶到公眾場合示眾等行為，皆符合此罪的構成要件。本案中，建宏在全班同學面前強行脫去小豪的褲子，此舉已符合強暴公然侮辱罪的要件。此外，建宏進一步在同學面前抽打小豪臀部，此舉不僅對小豪施加傷害健康行為，也依社會常理，構成輕蔑他人的行為，貶損小豪的人格與社會評價。無論導師的動機為何，都無法正當化此行為。

○事件38　教師對學生的公然侮辱

• 實例1　貶低學生人格與社會評價

小學導師建宏發現學生違規在第一節課開啟冷氣，便要求負責保管冷氣卡的學生小豪關閉冷氣。然而，在第三節課時，建宏要求小豪重新開啟冷氣，卻遭到包括小豪在內學生們當場反對，導致建宏心生不悅。隨後，建宏在課堂上，於眾多學生可見可聞的情況下，對學生們出言辱罵，稱「你們到底是不是人啊？比禽獸還不如喔！」此言論貶低學生人格與社會評價，已構成公然侮辱行為，影響小豪及其他學生的名譽。

● 實例 2　以不當言詞辱罵

學校接獲主管機關轉來的民眾陳情，反映建宏疑似涉及體罰行為。依規定召開會議並成立調查小組進行訪談後，調查結果顯示，教師建宏曾在全班公開場合對學生有不當言詞，包括辱罵小豪「智障」、稱志杰及澤豪患有「過動症」、對冠民說「你還沒有簽名就已經腦癱了」，以及罵學生「白目」等。這些言論已構成公然侮辱行為。

● 實例 3　未考量學生個別差異的不當言行

教育局轉知家長陳情，指稱建宏疑似對學生有不公平對待的情事，包括以言語侮辱成績較差的學生。學校依規召開會議並成立調查小組進行訪談後，認定建宏曾對小豪發表不當言論，例如向家長表示孩子「看起來很髒」等語。此外，志杰、澤豪及冠民皆表示曾聽聞建宏說過「偷偷打電話去教育局的人，出社會後就是小人」、「成績不好就去角落發臭、腐爛」、「看你就知道爸媽是什麼德性！」、「你爸是廚師，所以功課不必那麼好」、「再不守規矩就要把你低收的身分告訴同學」、「滾到外面去寫（練習本）」等言論。建宏對於這些指控並未具體回應，雖可能否認曾說過上述話語，但其發言仍顯示未充分考量學生的個別差異，言詞可能傷害學生的自尊，屬於不當言語行為。

● 實例 4 教學行為失當

學校認定建宏疑似有教學行為失當的情事，因此依規召開會議並成立調查小組進行訪談。經調查，確認建宏在分組及言語使用有不當行為。首先，建宏依學生成績高低將全班分為「太陽」、「月亮」、「星星」三組，未顧及成績較低學生的心理感受，導致分組不僅未能達到預期目的，反而對部分學生造成傷害。此外，在班上特教學生抽離上課時，建宏當眾稱：「特教班的！去上課了！」此言論使學生感到被針對，產生不適。依據調查結果，建宏的言行確屬「以言語、文字或其他方式羞辱學生，造成學生心理傷害」之不當行為。

○事件 39 教師對學生的誹謗

班導師建宏因不滿學生小豪多次未交作業、不服從教師管教，在課堂上於多名學生可見可聞的情況下，公開發表侮辱性言論，不僅辱罵小豪，還指責小豪的父母，並指稱父母唆使小豪漠視、抵制建宏的管教。該言論不僅涉及對學生的公然侮辱，也對小豪及其家長的社會評價與名譽造成影響，構成妨害名譽行為。

教育真心話

綜合上述判決與評議結果可以發現，許多教師在犯錯的當下，其實是出於關心學生、希望引導他們改正行為的好意，但往往因當時已陷入挫折、憤怒或無力等情緒之中，未能意識到自己的言行可能帶來傷害。這些情緒並非不合理，而是來自長期付出卻看不到改變的壓力。

這些案例提醒我們，當教師情緒升高時，更需要暫時抽離現場，讓自己冷靜下來，才有機會用理性、公正的方式回應學生的行為。如此，才能既守住教育的初心，也避免因一時衝動而觸法，讓本想幫助學生的善意，反成誤傷彼此的代價。

伍 隱藏版大魔王：《兒少權益保障法》

除了教師熟知的《教師法》、《教師考核辦法》、《性別平等教育法》、《輔導與管教辦法注意事項》及《民法》、《刑法》外，還有一部對教師職業影響深遠，但較少被關注的法律——《兒童及少年福利與權益保障法》（簡稱《兒少權益保障法》）。

該法的立法目的在於促進兒童及少年的身心健全發展、保障其權益並增進其福利，其中最關鍵的規範集中於第四章「保護措施」，該章共計35條條文，涵蓋兒少不得從事的行為、新聞媒體與網路規範、機構與特種行業的限制、菸酒檳榔管理、父母的義務、禁止對兒少施加的不當行為，以及政府的安置義務等內容。

對於教師而言，與職業最密切相關的條文就是第49條、第97條與第112條第1項。教師在教育現場應熟悉並遵守這些法規，以確保自身的專業行為符合法律要求，並避免因違反相關條文而影響職涯發展。

一、不正當行為的判定標準[35]

◎事件40　如果學生對於教師的行為沒有覺得不適，就不用負責嗎？

建宏在線上教學期間，透過社群通訊軟體與兩名未成年學生互動，卻傳送涉及不適當且易引發誤解的訊息，如涉及親密暗示、身體接觸、個人關係邀約等內容。這些言論超出師生正常交流範疇，可能對未成年學生的身心發展產生不良影響，並違反教育人員應有的專業界限。地方政府依據兒少權益保障法第49條第15項之規定，該教師遭縣市政府裁罰六萬元。

法院怎麼說？

在國中階段，學生正處於從少年向成人過渡的青春期，身心發展劇烈變化，包括生理成熟、心理發展、價值觀建立及社會適應能力的培養。作為教育者，教師應發揮正向引導作用，協助學生建立健全人格、正確價值觀，並培養其面對與解決問題的能力。然而，本案教師在線上教學期間，以私訊方式對學生傳遞涉及雙關語、帶有性暗示的訊息，無論在師生關係或教育倫理上，均屬不適當行為。

即便教師辯稱只是詼諧對話，並無惡意，且學生當下**未表達不適**，但根據兒少權益保障法第49條第1項第15款，只要行為涉及「不正當行為」，即構成違規，不應以兒少的具體反應為判斷標準。因此，即便學生當時未表現不適，行為人仍應負擔相應責任，以維護兒少權益，貫徹該法保障學生身心健全發展的立法精神。

教育真心話

兒少權益保障法第49條第15款所稱「不正當行為」，應參考前14款的規範，主要指會對兒童或少年造成身心傷害或痛苦，不利於其健全成長，或使其處於生命、身體、健康受損風險之行為。法院在判定是否構成「不正當行為」時，會綜合考量行為動機、行為方式、是否為偶發或持續行為、兒少的年齡與身心發展程度，以及是否符合社會通念與國情等因素。此外，法院也會根據行為人（如教師、家長㊱、陌生人）、行為地點（如家庭、學校、公共場所）及行為環境（如管教權行使、受託照護、日常互動）等情境，綜合評估是否構成違規行為。

特別是在涉及管教時，應審慎審視行為是否超過必要範圍，並違反社會一般認可的合理性標準。

在兒少保護的法律框架下，「不正當行為」[37]的判定並非單憑學生的主觀感受或行為人的本意，而是需根據具體情境進行客觀評估。因此，教師、家長等具有教育與管教權責者，應謹慎拿捏言行，確保符合兒少權益保障標準，以避免不當行為影響兒童及少年的身心發展。

教師的言行舉止，不僅影響學生的學習，也關係其身心發展與價值觀建立。因此，即使學生當下未表達不適，若教師的行為或言詞在客觀上不符合社會期待，仍可能被認定為對兒少的不正當行為。這是基於《兒少權益保障法》的立法目的，也是社會對教師角色的高度期許——協助學生健全人格發展、培養正確價值觀。換言之，教師應更加謹慎自身言行，即便是無心的玩笑或習慣性的互動，仍應考量是否符合專業倫理與社會觀感，避免落入爭議，影響教育初心。

二、低消六萬元的不正當行為[38]

違反兒少權益保障法第49條的規範後，依據第97條規定，將面臨新臺幣六萬元以上的罰鍰。因此，法律界常以「低消六萬元」戲稱此規範，意指只要行為符合第49條的定義，最低罰鍰即為六萬元。此外，值得注意的是，此類裁罰屬於縣市主管機關（社會局處）的權限，與法院判決、教師個人考績或解聘等行政處分無直接關聯。換言之，即便未涉及司法判決，仍可能因主管機關認定違規而遭受行政罰鍰。

○事件41　由地方政府裁決的不正當行為

● **實例1　懲處過當**

建宏以教具繩纏繞學生手腕的行為，雖然時間僅數分鐘，且目的是為了維持班級秩序，但根據相關規範，此舉已超出合理的管教範圍。被綁手的三名學生當時僅是上課分心把玩自己的物品，並未攻擊他人、毀損公物，或有自殘行為，因此並無對其施以強制措施的必要。根據輔導管教相關規定，建宏本可採取口頭糾正、調整坐位、記錄日常表現或暫時保管學生物品等較為適當的方式來維持秩序，而非直接使用繩索進行綑綁。

此外，建宏在課堂上以公開方式實施該懲罰，使三位學生在同儕面前承受異樣眼光，影響其自尊與自我認同發展，對其心理狀態產生負面影響。從其中一位學生在社工訪視時出現排斥逃避的現象，以及表示被綁時感到害怕與羞愧的反應，可見此舉對學生已造成心理壓力。最終，地方政府對該事件做出裁處，並公布教師姓名，以示警惕與懲戒。

● 實例2　不當管教行為

建宏為國民中學教師兼導師，於111年7月27日被指控對小豪施以不當管教。根據學校於7月28日接獲的通報，建宏教師推擠小豪，導致其頭部碰撞窗框，並以手壓制小豪頸部至鎖骨之間，造成小豪一度出現呼吸困難，最終導致頭部鈍傷及頸部鈍挫傷。經地方政府審查後，認定該行為屬於對少年之不正當行為，並依據相關法規裁處原告新臺幣六萬元罰鍰。

三、只有拘役一途的傷害行為㊴

○事件42　為什麼傷害兒童或是少年後，不能易科罰金而一定要坐牢？

● **實例1**

建宏身為該班導師，於獲知班內學生小豪與同學發生衝突後，立即趕赴教室處理。然而，在明知小豪情緒已恢復穩定，且並無攻擊同學或危害校園安全之情況下，建宏仍基於對少年施以暴力的意圖，徒手將小豪頭部朝窗戶牆邊壓制，隨後以拖行方式將其拉出教室外。建宏進而將小豪以面朝下、背朝上的姿勢壓制在走廊地面，導致小豪臉部挫傷、頸部擦傷及胸部擦傷，造成身體上的明顯傷害。

● **實例2**

在幼兒園帶班時，建宏明知大班的小豪（未滿12歲）有情緒不穩與語言發展遲緩的情況。在某日午睡後，小豪因未將棉被收好且出現哭鬧行為，建宏為管教小豪，預見使用教學用紙捲彈打其臉頰可能會導致受傷，但仍未加以克制，並抱持即使造成傷害也不違背其本意的態度，拿起約48.5公分長的教學用紙捲，朝小豪右側臉頰彈打一下，導致其右臉頰出現鈍傷。

●實例3

建宏是小豪就讀學校的體育老師，明知小豪未滿12歲，某日在國小操場上，小豪擅自進入壘球比賽場地，未聽從建宏的口頭制止，甚至朝建宏踢沙，不服管教。建宏因氣憤，想將已走到跑道的小豪帶往學務處，並預見若強行拖拉小豪可能導致其重心不穩而受傷。然而，建宏仍在憤怒之下，徒手抓住小豪的頭髮和後衣領向前拖行，導致小豪跌倒，並持續拖行，造成其頭部、背部及雙側大腿挫傷。

教育真心話

以上三個案例都是成年人對少年或兒童犯故意傷害罪[40]，最終都被法院判處拘役，無法透過繳納金錢的方式來替換入監服刑。

這是為什麼呢？

根據刑法第41條規定，只有當犯罪行為的「最重本刑」為五年以下有期徒刑，且法院判處六個月以下有期徒刑或拘役時，才可以選擇易科罰金，也就是用每天1000至3000元的金額來替代監禁，不必實際入監服刑。

至於傷害罪是否符合這個條件？刑法第277條規定，對他人身體或健康造成傷害者，處五年以下有期徒刑、拘役或50萬元以下罰金，表面上看來符合易科罰金的標準。然而，若受害者是兒童或少年，則適用《兒少權益保障法》的特別規定，刑度加重二分之一，使最高刑期從五年提升至七年半。由於刑期已超過五年，該類案件便不符合刑法第41條的規定，因此不能易科罰金，也就是說，必須服刑，無法以繳納罰金替代監禁。

※事件43 學生無立即危險，教師卻毆打學生，為什麼不能減刑及緩刑？

建宏為國中教師，小豪則為該校一年級學生。某日，建宏在教室內發現小豪與同學發生肢體衝突，雖然兩人已經分開，但因過去已多次發生爭執與打架，建宏心生不滿，情緒失控之下，竟持曲棍球棒毆打小豪背部，導致小豪背部多處挫傷。

法院判斷

根據刑法第59條規定，若犯罪情節令人同情，即使依最低刑度量刑仍顯過重，法院可裁量減輕刑度。然而，本案經多次調解仍無法達成共識，且法院認為情節並無顯可憫恕之處，因此不予減刑。

此外，依刑法第74條，若被告被判處二年以下有期徒刑、拘役或罰金，且過去無故意犯罪記錄，或已服刑完畢超過五年，即可聲請緩刑。法院在考量緩刑時，主要評估被告是否有再犯的可能性，以及是否基於維護秩序及防範類似犯罪，而不宜適用緩刑。最終，是否適用緩刑仍由法院視個案情況裁量決定。

法院怎麼說？

小豪雖有與同學爭吵打架的違規行為，但建宏於到場時，雙方已經分開，並無立即危險。然而，建宏未以理性方式進行勸導，反而在教室內持曲棍球棒毆打學生背部，導致其受傷，此舉已構成違法體罰，並符合成年人對少年故意傷害罪的刑事責任。除了身體傷害，學生亦因本案在校受到異樣眼光，內心受創，且迄今未感受到建宏的悔意，難以原諒其行為。

儘管教師事後認錯並表示不會再犯，但以曲棍球棒施暴，一旦施力過重或打擊要害，恐造成嚴重傷害，已遠超出合理管教範圍，情節難謂輕微。為確保教育環境杜絕體罰與霸凌，並基於維護法秩序的必要性，法院認定本案不宜宣告緩刑。

---

35 兒少權益保障法第49條：任何人對於兒童及少年不得有下列行為：一、遺棄。二、身心虐待。三、利用兒童及少年從事有害健康等危害性活動或欺騙之行為。四、利用身心障礙或特殊形體兒童及少年供人參觀。五、利用兒童及少年行乞。六、剝奪或妨礙兒童及少年接受國民教育之機會。七、強迫兒童及少年婚嫁。八、拐騙、綁架、買賣、質押兒童及少年。九、強迫、引誘、容留或媒介兒童及少年為猥褻行為或性交。十、供應兒童及少年刀械、槍砲、彈藥或其他危險物品。十一、利用兒童及少年拍攝或錄製暴力、血腥、色情、猥褻、性交或其他有害兒童及少年身心健康之出版品、圖畫、錄影節目帶、影片、光碟、磁片、電子訊號、遊戲軟體、網際網路內容或其他物品。十二、迫使或誘使兒童及少年處於對其生命、身體易發生立即危險或傷害之環境。十三、帶領或誘使兒童及

少年進入有礙其身心健康之場所。十四、強迫、引誘、容留或媒介兒童及少年為自殺行為。十五、其他不正當的行為。

36 兒少權益保障法第49條明確指出是「任何人」對於兒童及少年不得有下列行為，沒有規定家長除外，因此，當家長的行為如果也違反的不正當的行為，也歡迎身為教師的你截圖蒐證，到地方縣市政府檢舉，以張公義？可以參考臺北高等行政法院地方行政訴訟庭第三庭113年度簡字第23號判決。

37 另外可以參考高雄高等行政法院高等行政訴訟庭第一庭113年度訴字第88號判決。兒少法第49條第1項第15款所謂「不正當之行為」，應該是指除了兒少法第49條第1款至第14款所例示的行為及其他犯罪行為以外，以任何形式對於兒童及少年施以身心暴力、疏忽或疏失、不當對待或殘忍、不人道、有辱人格的待遇或處罰及非法或恣意剝奪自由等有礙兒童及少年身心健全發展及權益保障等行為。而且此類不正當行為，不以意外性、偶發性、反覆性、繼續性或故意侵害為前提，也不具有「集合性」的特徵。因此，行為人只要有違反兒少法第49條第1項第15款所定行政法上不作為義務的行為，就符合法定構成要件（即所謂「行為違法」）而應予處罰，並不以發生危險結果為必要（最高行政法院112年度上字第476號判決意旨參照）。

38 兒少權益保障法第97條「違反第四十九條第一項各款規定之一者，處新臺幣六萬元以上六十萬元以下罰鍰，並得公布其姓名或名稱」。

39 兒少權益保障法第112條第1項：成年人教唆、幫助或利用兒童及少年犯罪或與之共同實施犯罪或故意對其犯罪者，加重其刑至二分之一。

40 其實本章前半部的體罰、霸凌、不當管教或是其他違法處罰的案例，或多或少也有用到這個規定，只是礙於章節的重點，所以在這邊才強調，但不代表前面的案例不適用兒少權益保障法第112條。

陸 結語

高級中等學校以下學校設置之目的在實現國民基本教育權，透過學校教育教導學生逐步建立自己的價值系統，以實現自我。教師則是居中實際執行的第一線教育工作者，學校及教育主管機關如何在決策及實際執行上公平合法地對待教師，勢將影響教師看待此份教育事業的態度，而間接影響到學生的受教權利。

惟在教育現場同時存在家長、學校、學生、教師間的複雜互動關係，家長本於信賴把孩子託付給學校、教師來協助教育，自然是期待學校、教師在上學期間能夠善待孩子，有教無類。而在專業的教育場域裡，學校、教師則易因資訊與權力的不對等，對家長、學生流露出專業的傲慢，在時常不夠公開透明的教育處置作為間，遺忘家長把孩子託付給其協助教育的信任，忽略落實即時而誠懇的親師溝通。

當家長、學生對於學校、教師此種「教育專業」包裝下的處置感到無奈且無助時，也只能透過學校以外的力量，諸如人本基金會、媒體及上級主管機關來對於學校及教師的作為進行必要的監督與制衡。

——摘錄自：高雄高等行政法院109年度訴字第58號判決

本判決特別強調，教師雖享有教育專業自主權，但仍須負責與家長、學生進行適當溝通，這是不可忽視的責任與義務。當學校或教師在學生教育相關處置上出現違法或失當行為，確實應檢討改進，但不應一味忽視教學現場的實際情境，全面妖魔化涉案教師。相反的，應透過正當法律程序，由教評會審議此類事件，確保縝密討論、合理處置，做到該改則改、該罰則罰，如此方能真正避免類似悲劇再次發生。

本篇重點法條

《學校訂定輔導與管教學生辦法注意事項》

《校園霸凌防制準則》

《兒童及少年福利與權益保障法》：第49條、第97條、第112條

《民法》：第184條、第187條、第193、194、195條

《刑法》：第277條

第五篇

校園中的言論自由界線在哪裡？

當我們談論校園中的言論自由，往往會直覺的認為教師與學生都應擁有表達意見的權利，這本身毫無疑問是民主社會的重要價值。然而，校園並非全然等同於社會的縮影，它同時具有教育、保護與引導的功能。言論自由固然重要，但在校園情境中，必須兼顧「教育專業」與「學生權益」，才能真正發揮其應有的正面作用。

例如，教師在課堂上對社會議題發表評論時，固然擁有一定的教育專業自主權，但也須留意是否超出教育目標，或讓學生感受到壓力、偏頗或標籤化某些族群。學生也有權發聲與批判，但若涉及人身攻擊、誤導性言論或公開散布未經查證的訊息，可能就超出了合理表達的範疇，甚至構成對他人的傷害。特別在社群媒體盛行的年代，許多言論一旦公開擴散，其影響力早已超出原本的學校範圍，進一步引發法律爭議或校園對立。

因此，校園裡的言論自由，需要我們共同釐清界線：哪些是合理表達意見，哪些又可能涉及霸凌、歧視或侵權？教師與學生都應理解，言論自由不是無限上綱的權利，而是一種在尊重他人、維護教育秩序下所行使的責任行為。唯有如此，我們才能在保障自由的同時，也維護校園成為一個安全、理性與互相尊重的學習環境。

這一篇將從言論自由的法律界線與實務案例談起，協助教育工作者與學生更具體的理解，如何在日常互動中妥善表達意見、避免誤踩法律紅線，讓言論真正成為彼此理解與成長的橋梁。

壹 強制要求學生口頭道歉合法嗎？

注意事項第23點第4項中的「口頭道歉」，賦予教師有權力要求學生對於其所傷害或是不當的行為予以誠心反省，但問題是，如果學生不願意呢？我們能夠透過強制力來要求學生道歉嗎？

憲法判決怎麼說？[41]

憲法法庭認為，憲法第11條保障言論自由，不僅包括「積極表達意見的自由」，也涵蓋「消極不表達意見的自由」，且言論自由的範圍不僅限於客觀事實的陳述，還包括主觀意見的表達。因此，當國家透過判決強迫人民表達特定言論，實際上是在干預人民是否表意及如何表意，這屬於對言論自由的限制。

若國家禁止人民發表某些言論，人民仍可選擇保持沉默來表達意見，但「強制道歉」則進一步剝奪了人民保持沉默的權利，要求其公開表態，甚至發表與自身信念相悖的言論，這種對言論自由的干預程度更高，已構成對人民思想自由的侵害。

憲法法庭認為，強制道歉的本質是要求個人做出自我否定，甚至帶有羞辱性的效果，這不僅限制了言論自由，更侵犯了個人的思想自由與人性尊嚴。因此，法院透過判決要求加害人登報道歉的作法，屬於違憲行為。

此案確立了法院不得以強制道歉的方式限制人民的言論自由，未來涉及名譽侵害的案件，法院將必須尋找其他符合憲法標準的方式來平衡名譽權與言論自由，例如透過公告判決結果來恢復被害人名譽，或是讓加害人負擔費用刊載被害人勝訴的公告，而非強迫加害人公開道歉。

※事件44　如果學生拒絕道歉，我該怎麼辦？

當學生拒絕道歉時，教師雖無法強迫，但可透過道德勸說，引導學生理解其行為對受害者的影響，並強調真誠道歉有助於修復關係。若學生不願口頭道歉，可改以書面反思或具體補償行動，並透過家長溝通或同儕討論促使其反省。此外，也可讓受害學生選擇其能接受的補償方式，同時亦有助於維持公平與尊重。最終，關鍵在於讓學生理解道歉的核心價值，使其真心願意改正，達成教育的真正目的。

讓我用詹森林大法官針對本號憲法判決所撰寫的不同意見書，來作為這個事件的結尾：

「本席相信，絕大多數人，不論其為國人或外人，自小即被父母教導，不法侵害他人時，最起碼的悔改表示，就是向被害人道歉。此時，縱使加害人百般不情願，父母仍會強制應行道歉。一旦加害人道歉，不論係出於其真意或出於父母強制，明理之被害人，或被害人同為幼童，而其父母亦屬明理人時，加害人即獲得原諒。一場可能擴大的糾紛，也因此種不真意之道歉而化於無形。」

◎事件45　如果不遵守《性別平等教育法》中的道歉處分會怎樣？

校長因涉及言語性騷擾，經調查後，性平會建議其向被害人道歉，並接受大學諮商輔導教師8小時的性別平等教育課程。然而，校長未依決議執行，遭裁罰後不服提起訴訟，並主張《性平法》（111年1月19日公布）中，關於強制道歉的規定違反111年憲判字第2號判決的意旨。

教育真心話

法院怎麼說？

法院認為憲法法庭的判決與本案教育部依《性平法》規定透過罰鍰的行政處分有所不同，後者是以金錢制裁的間接方式，督促校長履行其依法應執行的行政義務（道歉與接受性別平等教育課程）。此外，性平法第25條第2項第1款所稱的「向被害人道歉」，是法律明定的修復被害人法益方式，且未限定只能透過登報公開道歉，而是可依個案具體情況，在符合比例原則的前提下，以書面、錄音或其他合適形式執行。

同時，性平法第36條第4項規定，不是行為人一不配合執行就會立即遭受罰鍰制裁，而須符合「無正當理由」的要件，以確保執行不違反比例原則。若教育部在執行過程中，對行為人造成111年憲判字第2號判決所示的不合比例侵害基本權情事，行為人仍可向教育部陳述意見，主張拒絕配合執行的正當理由，或於受罰後透過行政爭訟審查罰鍰處分的合法性。

這則判決顯示，雖然憲法法庭認為強制加害人登報公開道歉違憲，但並不代表所有要求道歉的方式都不應該受到法律規範。只要符合比例原則，適當的道歉方式仍是可接受的。此外，如果教育部在執行過程中違反比例原則，或是當事人因被處罰而有異議，都可以透過行政訴訟請求法院審查教育部的處分是否合法，確保自身權益獲得保障。

《性平法》在112年8月16日修正後，將過去可以依法對不願道歉的行為人處以「新臺幣1萬元以上5萬元以下罰鍰，並按次處罰直到其配合為止」的規定已被刪除。

立法理由指出，這項變更是為了符合憲法法庭111年憲判字第2號判決的意旨，該判決認為強制加害人道歉，可能違反《憲法》保障的言論自由與思想自由。因此，根據新修訂的性平法第43條，即使加害人不配合學校或主管機關依第26條第2項第1款所做出的道歉要求，仍不得對其處以罰則。

這也意味著，在性平案件中，若行為人拒絕道歉，學校或教師不再有法律上的強制手段，能做的僅剩道德勸說。我個人較認同臺北高等行政法院的見解，但既然法規已經修正，現在只能面對新的法制環境，尋求未來更合適的應對方式。

讓我用激烈一點的話來結束這段，以下引述戲劇《來自地獄的法官》中的一句話：

「道歉是義務，但原諒不是。」

❹❶ 參考111年憲判字第2號判決。

貳 言論自由與名譽權衝突時，該怎麼辦？

憲法法庭認為，言論自由的保障涵蓋多種重要功能，包括個人自我實現、意見交流、真理探求、公眾知的權利，以及促進社會與政治活動。其保障範圍不僅限於主觀意見的表達，也包括客觀事實的陳述。同時，《憲法》也保障人民的名譽權，這關係到個人在社會上的整體評價，確保個人品行不被惡意貶低或損害。名譽權是維護人性尊嚴的重要一環，因此受憲法第22條的保障[42]。

由於這兩種《憲法》權利同樣重要，國家原則上應給予最大程度的保障。但當言論自由與名譽權發生衝突時，國家應尋求適當的平衡，透過利益衡量來調和兩者，確保符合比例原則。而最具體調和言論自由與名譽權的規範，即是《刑法》，主要內容有刑法第309條的公然侮辱（羞辱性言論）以及刑法第310條的誹謗（事實性言論），只要行為符合其一，不僅要負擔刑事責任，原則上同時也會符合《民法》的「侵權行為」（這邊的權是指名譽權）。

一、刑事誹謗罪的認定標準是什麼？

憲法法庭認為，言論的價值並非完全相同，而是取決於其對公共事務的資訊提供、意見交流與討論所帶來的貢獻。因此，在權衡名譽權與言論自由的衝突時，應特別考量該言論對公益的影響。

一般而言，言論對公益的貢獻度越高，言論自由理應受到較高程度的保障，因此，名譽權的保障則可能得依情況而有所讓步。反之，若言論對公益的貢獻度較低，則名譽權的保障應相對提高，以免個人名譽遭受不當侵害。因此，儘管言論自由受到《憲法》保障，為了兼顧個人名譽、隱私及公共利益，法律仍可以根據言論的傳播方式，施加適當且合理的限制，以確保不同權益之間的平衡。

刑法第310條第1項和第2項的誹謗罪，主要是為了保護個人的名譽。而第3項則規定，如果行為人能證明自己所說的內容是真實的，就不會被處罰。不過，這並不表示說出或傳播某些言論的人，一定要親自舉證證明內容屬實，否則就會被判有罪。

實務上，可能會遇到這樣的情況：行為人無法完全證明言論的真實性，但如果在發表言論前已經進行合理的查證，並且根據當時取得的證據，客觀上有理由相信內容是真的，這樣的行為仍屬合法，不會構成誹謗罪。

此外，即使行為人所依據的證據後來被證明是不正確的，只要當時引用時並沒有明知其不實，或是因重大疏忽而忽略其真偽，同樣不會被追究刑責。至於「合理查證」[43]的標準，則需要由法院依據個案情況，綜合考量言論自由與名譽權的平衡，來做出最適當的判斷[44]，讓我來試舉一個事件。

◎事件46　同事無故在群組中說我每次都遲到！

建宏與志豪同為學校的專任輔導教師，並共同參與團體督導會議。然而，建宏明知志豪並非「每次」遲到30分鐘，卻仍在公開的學校輔導室通訊群組發表相關言論，甚至在志豪已請假的情況下，留言表示：「因你每次團督幾乎都遲到30分鐘，若開天窗我得代替你說明善後，團督夥伴沒人知道你的下落。」這段文字不僅暗示志豪經常遲到，也可能影響其在同事間的聲譽。

法院怎麼說？

誹謗罪的關鍵不僅在於言論是否屬實，更在於行為人是否明知內容不實，卻仍散布足以損害他人名譽的資訊。建宏在學校輔導室的通訊軟體群組中，公開留言指稱志豪「每次團督幾乎都遲到30分鐘」。然而，調查結果顯示，志豪並未「每次」遲到，且其他與會成員也沒有相關印象。雖然建宏辯稱這是基於自己對會議的印象，但個人印象不能取代客觀事實。

此外，志豪的請假均符合規定，且事先通知學校主管，並未影響會議運作，因此建宏的說法站不住腳。法院認定，建宏明知志豪並未每次遲到，卻仍在公開場合散布該言論，導致志豪名譽受損，已構成誹謗罪，因此判處拘役10日。

接下來要思考，是否言論只要確認是真實的，就可以想講什麼就講什麼嗎？

答案：不是。

我們先來看刑法第310條第3項但書規定：但涉於私德而與公共利益無關者，不在此限。

簡言之，如果行為人所說的內容是真實的，但是與公共利益無關，而涉及個人的隱私[45]，也會受到《刑法》懲罰。

◎事件47 透過電子郵件任意散播同事的私事！

建宏透過電子郵件的方式向全校同仁發送以下文字：「雅芳老師的道德尺度也是令人瞠目結舌了呵呵，今天是愚人節嗎？雅芳都完全不會做『偷人』什麼的事吧？十幾年來全校皆知的著名偷人事件，應該也很可以作為學生的道德示範齁？什麼羅敷有夫、使君有婦的公然放閃，嘖嘖！真的很敢，只可惜觀眾掩鼻而過，而海畔卻仍有逐臭之夫。」

法院怎麼說？

建宏在電子郵件中使用「羅敷有夫」、「使君有婦」等成語，這些詞語源自典故，分別表示女性已婚與男性已娶。同時，郵件中還提及「偷人」、「全校皆知的著名偷人事件」，這些用詞明顯涉及婚姻不忠的指控。

而這類言論可能讓全校其他教師認為雅芳有不當男女關係，從而影響其社會評價，損害其名譽。根據相關規定，即使言論內容屬實，但若僅涉及個人私生活，與公共利益無關，仍可能構成誹謗罪。法院指出，建宏的言論純屬雅芳的私生活範疇，與學校的公共事務無關，因此不受言論自由保障。最終，法院判定建宏散布文字誹謗罪成立，處以拘役50日。

教育真心話

從法院的判決可以看出，對於誹謗罪的判斷標準相當穩定，只要發表不實或無法證明為真的事實性言論，或者即使言論屬實，但僅涉及個人私生活、與公共利益無關，都可能構成誹謗並需要負法律責任。在校園裡，確實存在許多值得討論的公共議題，包含學校政策、教育方式、職場環境等，這些討論只要基於事實、理性發言，都是合理的。

然而，若為博取關注而誇大其詞、散布與事實不符的內容，甚至揣測他人私生活，那就沒有必要了。話語有重量，責任也隨之而來。在學校這個環境中，無論是學生還是老師，相處的時間終究有限，彼此尊重，理性交流，才是維持健康人際關係的最佳方式。

二、《刑法》公然侮辱罪的認定標準是什麼？

《刑法》的公然侮辱是指對人詈罵、嘲笑、侮蔑，其方法並無限制，不論是文字、言詞、態度、舉動，只須以公然[46]方式而足使他人在精神上、心理上有感受難堪或不快之虞，足以減損特定人之聲譽、人格及社會評價即是[47]。

憲法法庭[48]認為，每個人的語言習慣和修養本來就有所不同。有些人說話時，可能習慣夾雜一些粗俗的詞彙，例如，口頭禪、發語詞或感嘆詞，或者只是單純用粗話來表達一時的不滿情緒，雖然這種表達方式可能顯得不得體，但並不代表一定是故意要貶低他人的社會名譽或人格。特別是在衝突發生的當下，如果只是短暫的情緒性言語，而並非反覆、持續性的謾罵，那麼就很難直接認定這類言論是出於故意，也不一定會構成對他人名譽的違法侵害。

但對他人的負面言語或文字評論，確實可能讓對方感到不悅，只是如果冒犯的程度輕微，則難以認定超過一般人可合理忍受的範圍。例如：在街頭以言語嘲諷他人，但當場見聞者不多，或是在社群媒體上偶發、輕率的負面留言，這類言論雖然可能帶有輕蔑或不屑之意，讓對方感到短暫的不快或難堪，但未必會構成對其社會名譽或人格尊嚴的直接貶損，更不一定會超過法律所要求的「合理忍受範圍」。

然而，若負面評價的影響已經超出一般人的可忍受限度，像是導致對方產生嚴重精神痛苦，影響其心理狀態或社會生活，甚至自我否定人格尊嚴，這種情形就可能構成可受《刑法》處罰的行為。例如，透過網路或電子通訊工具散布公然侮辱的言論，由於這類言論具有持續性、累積性或擴散性，其影響可能遠超過一般人可承受的範圍，因此更容易構成違法行為。

＊事件48　學生口出惡言時，該如何分辨是一時情緒或公然侮辱？

小豪在教室內自習時，自覺呼吸不順暢將口罩拉至下巴，身為教官的建宏突然靠近學生，以臉貼近不到10公分，小豪自覺受到驚嚇加上厭惡成年男子靠近，因此不滿建宏管教提醒戴口罩，而一時氣憤幹譙「衝殺小，幹你娘」。又當時建宏緊抓學生左肩衣服並試圖拉近學生、主動挑起私人爭端，小豪當下極度不滿，宣洩情緒，再度脫口而出「滾啦、幹你娘」。

法院怎麼說？

小豪因不滿教官的管教方式，未以適當方式表達意見，而是在回應建宏規勸時，使用了「衝殺小，幹你娘」、「滾啦、幹你娘」等具攻擊性的語言。這類言詞並非單純的意見表達或情緒發洩，而是帶有羞辱性的針對性辱罵，依社會通念，確實足以讓受罵者感到難堪與屈辱，並對其社會評價造成負面影響，構成公然侮辱。

此外，建宏原本與小豪的家長達成協議，讓小豪於畢業前每日到校執行銷過措施，待分科測驗結束後便可撤銷告訴。然而，小豪以準備考試為由拒絕執行，並承諾考完後於暑假期間回校完成相關服務，但事後卻未依約履行，也未與教官聯繫。更甚者，小豪在案發後的陳述書中，並未真正坦承錯誤，反而在審理過程中持續辯解，未見悔意。因此，建宏決定不撤告，希望小豪能因此事記取教訓，檢討並改變自身行為，以對未來人生有所幫助。

本院審酌小豪的行為動機、辱罵言詞的內容與方式，以及對他人名譽所造成的影響，認為欠缺尊重他人名譽的觀念，因此判處拘役10日，並可選擇以罰金替代刑責。

教育真心話

法律在判斷是否構成「公然侮辱」時，確實會考量言詞的使用方式、脈絡以及行為人的主觀意圖。而「一時情緒」與「針對性的公然侮辱」的界線，有時並不明顯易辨，往往需要從整體情境來判斷。

如果當時學生只是脫口而出一個字的國罵，然後沒有再持續使用類似的辱罵言詞，那麼法院或許有可能認為這只是瞬間情緒失控，未必達到構成公然侮辱的程度。然而，在這個案例中，學生不僅一次使用攻擊性言詞，且在回應管教時多次以「滾啦」、「幹你娘」等語言對教官表達強烈不滿，法院因此認定這不只是單純的情緒發洩，而是帶有針對性的羞辱。因此從判決的角度來看，重點在於這些言詞是否已達到貶損對方社會評價的程度。

不過，無論從法律還是道德層面來看，彼此善待、體諒、同理才是讓社會更好的方式。這並不是癡人說夢話，而是我們應該努力追求的價值，當人與人之間的溝通多一點理解，少一點敵意，許多衝突或許都能化解於無形，也不至於演變成法律糾紛。

三、如何判斷民事法中的名譽權？[49]

名譽權保護的是一個人在社會上的聲譽和評價，而不是個人的主觀感受。因此，只有當言論真正影響到一個人在社會上的客觀評價，才會構成對名譽權的侵害。

在法律上，言論可以分為「事實陳述」和「意見表達」兩種。事實陳述涉及是否屬實，說話者必須確保所說的內容是真實的，並應盡合理查證的義務，尤其是關係到公眾利益時，更需謹慎確認資訊的正確性，否則若散布不實資訊，可能構成侵害名譽權；意見表達則屬於個人觀點或立場，沒有真假問題，只要沒有惡意攻擊或使用過度侮辱性的詞語，便屬於合理的評論，不會構成侵權。

然而，若言論超越適當範圍，變成惡意中傷、侮辱性謾罵或刻意詆毀他人，甚至影響其社會評價，則無論是事實陳述還是意見表達，都可能涉及侵害名譽權，行為人需要承擔法律責任。因此，行使言論自由時，仍須審慎拿捏分寸，避免傷害他人聲譽而觸法。

＊事件49 學生在線上會議室公然發表侮辱性的不實言論！

小豪在建宏的線上課程Webex會議室內，於三人以上的公開場合，發表帶有侮辱性且不實的言論，例如：「老師我覺得你是真的在推卸責任」、「阿你是把查詢表單這件事情丟給我們，阿我們要查個雞巴毛？重點是他媽我們就不能查，阿幹東西只有你自己能看……」。這些言詞不僅質疑建宏的學術專業與公平性，更帶有貶抑與攻擊的意圖，且公開散布，對教師的名譽造成嚴重影響。事件發生後，建宏在任教期間受到異樣眼光，精神上承受重大壓力。儘管雙方經過四次和解談判，小豪皆未展現誠意，最終建宏依法提起訴訟，請求民事賠償。

法院怎麼說？

線上課程的會議室屬於公開場合，學生在該環境中以第三人名義發表具侮辱性的言論，已構成對教師名譽權的侵害，導致教師在公眾場域中感到屈辱與難堪。學生亦承認相關言論確為其所發表。綜合考量本案發生的背景、過程，以及學生的行為情節，包括侮辱性言詞的內容、次數等實際侵害情形，並衡量教師所受精神痛苦程度及其名譽受到的影響，認定學生的行為已嚴重侵害教師的人格權，情節重大。因此，判決學生應賠償教師新台幣25000元。

*事件50　小學生口無遮攔辱罵教師，該如何處置？

小豪在教室內當著全班近30名同學面前，公然對教師品妍辱稱「妳被幹到了」，而其他學生在聽聞小豪的言詞後旋即大笑，當品妍指責小豪亂說不好聽的話時，其他學生仍繼續起鬨，並有男學生稱「老師被射到了」，另名男學生稱「就是那個射精的」，過程中許多學生不斷大笑、喧嘩，已經嚴重侵害教師人格權、踐踏教師尊嚴，使品妍心理遭受重大打擊。

法院怎麼說？

小豪的言論確實被在場學生聽見，部分學生隨後起鬨，甚至進一步以類似詞語調侃教師。考量在場學生已為國小高年級，具有一定理解能力，依照一般社會常理，他們應該明白這些言詞帶有性暗示、壓迫與貶低女性的意味。因此，小豪的發言已對教師的名譽造成損害，應負侵權行為損害賠償責任。

此外，小豪當時仍屬限制行為能力人，其父母作為法定代理人，對小豪的言行負有監督責任。父母未能提出證據證明其對小豪的監管並無疏失，或即使已盡合理監督仍無法避免損害發生，因此應與小豪共同承擔侵害教師名譽權的民事連帶賠償責任。

＊事件51　提醒學生勿於課堂上睡覺，學生卻捏造事實。

建宏在教授商業概論時，因小豪趴睡於桌子上，為提醒小豪勿於課堂上睡覺，故持課本輕觸小豪頭部。後經小豪向教師提出傷害刑事告訴，經台東地方法院判決無罪，建宏對小豪提出民事侵權行為的賠償訴訟。

法院怎麼說？

判斷一個人的名譽權是否受損，關鍵在於社會對該人的評價是否因此降低，而非單純取決於被害人的主觀感受。只要行為人的言論或行為足以影響他人在社會上的聲譽，無論是出於故意還是過失，都可能構成侵權。此外，名譽權的侵害不必廣為流傳至社會大眾，只要讓第三人知悉即可能成立。此外，若言論屬於事實陳述，則應具有可證明性，行為人須能證明其所述為真，或至少確信其為真，否則可能涉及名譽侵權。因此，在表達言論時，應審慎考量內容的真實性及可能帶來的影響，以避免侵害他人的名譽權。

學生對外宣稱自己因教師碰觸頭部而「腦震盪」、「腦出血」、「一直吐」，並描述自己需長時間觀察、無病房可住等，這些說法涉及具體的醫療事實，屬於「事實陳述」，必須具備可證明的真實性。然而，根據學生的病歷記錄，並未顯示其有上述病症，且學生也無法舉證自己確實罹患這些狀況或有合理理由相信其為真，因此此類言論被認定為虛構的內容。

又由於「腦震盪」、「腦出血」等症狀即使對於非醫學專業的一般人而言，也明顯屬於嚴重傷害，學生在明知自己並無此情況的情形下，仍向他人散布不實訊息，使他人誤信教師的行為造成嚴重傷害，導致教師的社會評價受損，已構成對教師名譽權的侵害。因此，學生應負相應的法律責任，而其法定代理人或監護人亦應連帶承擔損害賠償責任。

＊事件52　家長在聯絡簿中批評導師「是腦子不好使嗎？」

建宏主張小豪的家長在學校聯絡簿中書寫「你是有哪方面的疾病？」、「你是在78什麼？」、「你是腦子不好使？」、「是視神經退化？黃斑部病變？還是被害妄想症發作？」等文字，小豪的家長則稱以上言詞是質疑建宏所作所為不符合規定、對家長要求視而不見等情況，係以疑問句方式為之，非直接對建宏謾罵。

法院怎麼說？

學生家長雖然在聯絡簿上表達對教師的不滿，並以批評性言論夾雜其中，但其措詞已超出合理質疑與評論的範圍，甚至帶有輕蔑、貶損教師的意味。即使家長的言論以「疑問句」形式呈現，法院仍認定其整體語境流露出嘲諷態度，足以影響教師的社會評價，因此構成對名譽權的侵害。

家長辯稱聯絡簿僅供學生與家長觀看，並無其他人知悉，因此不會對教師的社會評價產生影響。然而，在《民法》上，名譽權的侵害標準不同於《刑法》中的誹謗罪或公然侮辱罪，《民法》只要能證明行為導致被害人的人格或社會評價受損，即可構成侵害，並不要求言論須廣為人知。至於該言論影響到多少人，則僅影響侵害行為的「強度」與「損害程度」，而非決定是否構成名譽侵害的必要條件。

因此，當家長的言詞已經損及教師的社會評價，並且有第三人知悉，即可認定侵害名譽權，至於影響的範圍與程度，則影響損害賠償的金額或責任範圍。

教育真心話

以上我舉了四個例子（兩個類似侮辱、兩個類似誹謗）來說明民事上的名譽權。民事上的名譽權與刑事上的名譽權，除了法律性質不同之外，還有一個關鍵差異——《刑法》對於「公然」有特定要求，也就是行為必須在「公眾」或「不特定多數人」或「特定多數人」[50]面前進行，才可能構成公然侮辱或誹謗。但《民法》的侵權行為則沒有這項限制，也就是說，即使某個侮辱行為不符合《刑法》「公然」的條件，仍然可能因損害他人名譽而構成民事侵權，進而需要負擔民事賠償責任，而知道人數的多寡是決定賠償金額的判斷標準。

---

42 參考112年憲判字第8號判決。

43 可以用臺灣高等法院臺中分院113年度上易字第491號刑事判決補充說明：至於表意人是否已

善盡合理查證義務而得阻卻違法，依前述憲法法庭判決及司法實務的一貫見解，應依個別事實所涉行為人的動機與目的、所發表言論的散布力與影響力、表意人及被害人究竟是私人、媒體或公眾人物、名譽侵害的程度、與公共利益的關係、資料來源的可信度、查證對象的人事物、陳述事項的時效性及查證時間、費用成本等因素，以定其合理查證義務的高低，俾以調和言論自由的落實與個人名譽的保護。

44 參考臺灣彰化地方法院113年度易字第628號刑事判決。

45 「私德」指的是個人私生活的行為，特別是與公共利益無關的部分。如果某人的言論針對的對象是一般私人（非公務員或公眾人物），並且內容涉及對方的個人生活，而這些事情與他人或社會並沒有直接關聯，那麼就屬於「私德」的範圍。如果這類純屬私人領域的事情與公共利益無關，卻被透過大眾傳播的方式公開，甚至加以道德批評或嘲諷，就等於是強迫被害人將原本屬於個人私領域的事務曝光，這可能會對當事人的名譽與隱私造成傷害，因此在法律上具有違法性（參考臺灣臺北地方法院113年度訴字第1620號民事判決）。

46 所謂「公然」是足使不特定人或特定多數人得共聞共見之狀態，不以實際上已共聞或共見為必要（最高法院110年度台上字第3630號判決意旨參照）。

47 參考臺灣高等法院臺中分院113年度上易字第491號刑事判決。

48 參考113年憲判字第3號判決第58段。

49 參考臺灣基隆地方法院113年度基小字第1854號民事判決。

50 特別說明，臉書開地球的情況，就是不特定多數人的情況。另外，如果發文是限制在自己的朋友圈，就是屬於特定多數人的情況。

本篇重點法條

憲法判決：111年憲判字第2號

憲法判決：112年憲判字第8號

憲法判決：113年憲判字第3號

《民法》：第184條

《刑法》：第309條、第310條

第六篇

如何正確執行學生獎懲辦法？

對於學生的獎懲，是引導或養成學生正向發展、養成學生良好生活習慣、建立符合社會規範的行為、增進學生自治自律與反省能力，以及確保學校教育活動的正常進行。對於「符合社會規範」的行為，給予正向的獎勵以期繼續維持，同時也希望其他學生能夠透過楷模學習的概念進而學習之，對於「不符合社會規範」的行為，則透過一系列符合比例原則的懲處，希望導正學生的負向行為，以期不要再犯，並且希望其他學生可以知悉並不讓此行為在校園中存在。

這是獎懲的意義。

而教育部為了盡量讓全國教師可以一致化獎懲的標準，在國中小部分頒布《國民小學及國民中學學生獎懲準則》，在高中則是《高級中等學校訂定學生獎懲規定注意事項》，以及《教育部主管高級中等學校學生在校作息時間規劃注意事項》。同時依據「有權利有救濟」的《憲法》原則，教育部頒布《高級中等以下學校學生申訴及再申訴評議委員會組織及運作辦法》，以作為學生如果對懲處不服時的救濟方式。

壹《憲法》保障的學生救濟程序

一、大法官第382號解釋案

民國84年6月23日釋字第382號解釋文說：

「各級學校對學生所為退學或類此之處分行為，足以改變其學生身分並損及其受教育之機會，屬於對人民《憲法》上受教育之權利有重大影響，許學生提起行政爭訟，請求救濟。」

簡言之，如果學校的處分會改變學生身分，基於保障學生的權利，則可以提起行政訴訟，學生對於其餘學校的處分[51]（記過之類）都不能提起行政訴訟。

二、大法官第684號解釋

民國100年1月17日釋字第684號解釋文：

「大學為實現研究學術及培育人才之教育目的或維持學校秩序，對學生所為行政處分或其他公權力措施，如侵害學生受教育權或其他基本權利，即使非屬退學或類此之處分，本於憲法第16條有權利即有救濟之意旨，仍應許權利受侵害之學生提起行政爭訟，無特別限制之。」

簡言之，大學生如果對於學校給予的處分不滿或不服，基於有權利即有救濟的意旨，均可以提起行政訴訟，不管是否對學生身分有影響。

三、大法官第784號解釋

民國108年10月25日第784號解釋文：

「本於憲法第16條保障人民訴訟權之意旨，各級學校學生認其權利因學校之教育或管理等公權力措施而遭受侵害時，即使非屬退學或類此之處分，亦得按相關措施的性質，

依法提起相應的行政爭訟程序以為救濟，無特別限制之必要。」

簡言之，在第784號解釋文後，不分層級的學生，如果對於學校給予的處分不滿或不服，基於有權利即有救濟的意旨，均可以提起行政訴訟。

1.學校合理處分的兩個標準

大法官們預想此號解釋後，可能會增加校園內訴訟的機會而讓教師及學校疲於奔命，大法官也為學校與教師設下兩個標準線，也就是如果學校的行為符合這兩個標準，就不是違法的處分。

先來看看解釋文部分全文：

「……至學校基於教育目的或維持學校秩序，對學生所為之教育或管理等公權力措施（例如學習評量、其他管理、獎懲措施等），是否侵害學生權利……依個案具體判斷，尤應整體考量學校所採取措施之目的、性質及干預之程度，如屬顯然輕微之干預，即難謂構成權利之侵害。又即使構成權利之侵害，學生得據以提起行政爭訟請求救濟，教師及學

校之教育或管理措施，仍有其專業判斷餘地，法院及其他行政爭訟機關應予以較高之尊重，自不待言。」

簡言之，即使學生可以提起訴訟，但法院在審理時還是要依據個案考量以下兩點：

(1)教師及學校的教育處分目的、性質與程度。如果是輕微的情況，那就不是權利侵害。

(2)教師及學校之教育或管理措施，皆是基於教育專業判斷，法院原則上應該給予較高尊重。

因此不代表學生只要提起訴訟就會贏得最後的結果，法院還是會去審查學校的處分是否符合以上兩個標準。

2.輕微干預是什麼？

大法官在第一點標準中提到「輕微的」，解釋文中並沒有針對何謂「輕微的」進行說明。但黃昭元大法官在本號解釋協同意見書中有針對這個部分進行說明，就讓我們來看看大法官是怎麼說的吧！

「……干預是否顯然輕微，應個案認定，而非類型化[52]操作：本號解釋上述意旨所稱之顯然輕微之干預，並非對應於特定類型的措施，如口頭糾正、站立反省（相當於一般所稱之罰站）、記警告、單科成績之評分高低等看似影響輕微的措施。以罰站為例，對多數學生而言，一般情形應屬輕微。然如要求生病或某些身心障礙學生罰站，則未必均當然只是顯然輕微之干預。又如罰站之時間、地點、方式等，也應納入個案具體判斷之範圍，例如在教室內、公共走廊、運動場中（大太陽下）、校門口等不同地點罰站，其干預程度也有不同。再以學業成績評量為例，如係針對單科成績之應為70分與71分之別，通常可認是輕微；但如60分與59分之爭議，雖只有1分之別，然涉及單科是否及格、是否需要重修，其影響甚至會包括是否擋修其他學科、是否需要延長修業年限等，亦有可能構成權利之侵害。又有關個案之干預是否屬於顯然輕微之判斷，常與事實認定有關。」

黃昭元大法官舉出幾個例子供法院參考何謂「輕微」的判斷，這個判斷也可以供教學現場的教師與行政單位來判斷，以降低進入訴訟後，學校敗訴的機會。

51 至於學生所受處分係為維持學校秩序、實現教育目的所必要，且未侵害其受教育之權利者（例如記過、申誡等處分），則除循學校內部申訴途徑謀求救濟外，尚無許其提起行政爭訟之餘地。惟值得檢討者，學校對學生所為之公權力措施，縱未侵害其受教育之權利，亦有可能侵害其基於一般人民地位所享有之身體自主權、人格發展權、言論自由、宗教自由或財產權等憲法上權利或其他權利，此等權利因學校之教育或管理等公權力措施而受有不當或違法侵害時，釋字第382號解釋不許學生提起行政爭訟。

52 所謂的類型化是指「具體化樣態」，就是什麼情況就一定會產生什麼結果，例如：教師法第14、15、16條的規定，就是類型化的樣態。但是，在一般管教上，因為學生千變萬化，教師心情也千變萬化，湊在一起的結果，可能不同老師做同一件事情，就會有不同的結果，所以難以類型化。

貳 獎懲相關規定應注意的地方

學校的獎懲規定在法律概念上，類似於《刑法》與「行政相關法規」的結合，既有對學生行為的獎懲依據，產生正面或負面影響，也包含應遵循的程序規範。接下來，我們將根據不同教育階段，挑選學校應特別注意的事項。至於適用於所有教育階段的共通性原則，如比例原則、平等原則、明確性原則及正當程序原則，在此不再贅述。

《國民小學與國民中學獎懲準則》規定應注意的地方

首先是第10點服儀的規定：

「學校對於違反服裝儀容規定之學生，得視其情節，採取適當且符合比例原則之輔導或管教措施，並不得加以懲處。前項管教措施，僅限於正向管教措施、口頭糾正、列入日常生活表現紀錄、通知法定代理人協請處理、書面自省及靜坐反省。」

所以，如果學生沒有穿學校規定的制式服裝（簡稱制服），是無法以懲處的方式——記警告來糾正學生的行為，僅能以部頒準則來進行輔導或管教。

再來是第11點人際往來的規定：

「學校訂定學生獎懲規定時，應考量保護學生身心安全之規範目的，明確規定懲處要件，不得僅以情感交往、情感關係曖昧、情感行為不檢或其他空泛籠統之概念作為懲處要件。」

這大概就是在男女合校的校園中有時候會出現的男女交往行為，可能包含親吻、牽手等。立法理由指出，學校得以校規規定為達教育目的之必要懲處措施，並應考量保護學生身心安全之規範目的，兼顧「宜教不宜罰」之原則，衡量情節輕重，明確規定懲處之要件，不得僅以空泛籠統之概念（如人際互動、行為失檢），作為懲處要件。

三者是第12點出缺席的規定：

「學生於授課日之出缺席狀況，得採取適當且符合比例原則之輔導或管教措施，並不得加以懲處。」

立法理由說明有關學生於授課日學習節數的參與狀況，已納入學生日常生活表現評量，並作為畢業條件，倘再以獎懲規定辦理，將致重複列計。又為改善學生非學習節數參與狀況，應了解其成因並給予輔導及管教，不應逕予懲處。爰明定學校得採取輔導或管教措施，但不得加以懲處。

高級中等學校訂定學生獎懲規定注意事項應注意的地方[53]

高中部分則是分散在不同規定，我們先來看看《獎懲規定注意事項》。其中最主要的是第6點到第10點，都是關於必須明確規定處罰的要件，從刊物、傳單、校內請願集會遊行到公然損壞、拆除、侮辱國徽國旗或其他違法情形，最後也不得籠統將情感交往、情感關係曖昧、情感行為不檢或類似規定作為懲處要件。

在服儀部分、學生對於「非學習節數」（如早修、午休）活動不得列入出缺席紀錄等規定與國中小是一樣的，一樣是視其情節，採取適當且合乎比例原則之輔導或管教措施，並不得加以處罰，而管教措施僅限於正向管教措施、口頭糾正、列入日常生活表現紀錄、通知監護人協請處理、書面自省及靜坐反省。

整體而言，高中以下學校的規範都很類似，對於學生的服儀、人際交往以及出缺席的部分都給出一個「明確」的規範可行或是不可行，所以在懲處辦法上「明確」是很重要的概念，還請各位多多注意。

◎事件53　學生累計上課睡覺五次就可以記警告嗎？

有網友詢問，班上有同學一直睡覺，學校說如果叫這位學生五次不起來上課，就可以記一次警告，或是叫不醒再加上其他違反班規的事由，累計總共五次也要記警告。

我的解答

從學生權利保障的角度來看，懲處屬於對學生的不利益處分，不僅可能影響學習權益，甚至可能成為申訴或訴訟的依據。因此，懲處必須「明確且具體」，以確保合乎程序正義，避免爭議。

在審視多所學校的獎懲辦法時可以發現，獎勵部分（如大功、小功、嘉獎等）往往設有「其他合於獎勵的事由」，這表示學校鼓勵教師依個案情況對學生的良好表現給予適當獎勵。然而，在懲處部分（如大過、小過、警告等），卻幾乎沒有「其他合於懲處的事由」，這意味著懲處必須依據明確規範執行，沒有明文規定的行為不得隨意予以懲處[54]。

因此，若學校的懲處辦法有明確規範累積次數（例如累積警告達一定次數可記小過），則可依規定執行；但若無此規定，則不得擅自累積或懲處。勿創造懲處辦法所沒有的事由，以免勞財又勞心。

---

53 同時包含《高級中等學校訂定學生服裝儀容規定之原則》以及《教育部主管高級中等學校學生在校作息時間規劃注意事項》等兩個頒布的規定綜合整理。

54 本校曾發生過學生盜拷教師電梯卡來使用，就是因為獎懲規定沒有寫到，因此沒有處分。但有沒有違反刑法的偽造準公文書罪，就是另一個問題了。

參 因獎懲制度而產生的訴訟案

※事件54　從法院的角度看獎懲制度的目的為何？

學校設立獎懲制度，目的在引導學生行為、維持校園秩序，確保學習環境的正常運作。根據高級中等教育法第51條等相關規範，其目標包括鼓勵學生品德與學業表現、培養良好習慣與法治精神、促進身心發展與自治能力，以及維護校園秩序。懲處措施則依嚴重程度分為警告、小過、大過，其中警告最輕微的是秩序管理措施，僅作為行為紀錄，並不影響學生的學習權或受教權，也非對人格的負面評價。

為了提供學生改過自新的機會，學校設有「改過銷過」機制，學生可透過校內愛校服務或公益志工服務累積時數申請銷過。此外，多數學校已採「功過相抵」制度，並在無需學生申請的情況下，主動註銷警告紀錄，顯示懲處影響相對有限。整體而言，學校獎懲制度的重點在於教育與引導，而非單純的懲罰，確保學生能在適當規範下成長學習。

教育真心話

從這個判決中可以得知法院對於獎懲制度的態度與想法，畢竟獎懲制度目的並不只是單純要處罰學生，而是希望學生透過這個機制去反思或反省自己的行為，以期成為更好的公民，這才是教育制度的意義。

※事件55 學生因病請假參加補考，成績卻因此打折，算是輕微干預嗎？

如君因病請假，未能參加第3次定期評量，後依學校規定進行補考。然而，該校規定補考成績若超過60分，需以7折計算，即若考得80分，最終成績將被調整為74分（計算方式：60＋20×70％＝74分）。如君認為，分數的減少並非自身可歸責之事由，該規定侵害了自身權益，因此提起行政訴訟。

訴訟過程中，由於案件情形不符合司法院釋字第684號解釋的適用範圍，如君的訴訟遭駁回。隨後，如君提出憲法訴訟，並獲得成功，取得重新訴訟的機會，進而再次提起訴訟，爭取自身權益。

法院怎麼說？

法院認為，如君補考後的最終成績仍屬及格，且僅涉及單一科目的成績評量，並未影響其是否需補考、重修，亦不影響畢業資格或證書取得，也無須額外支付費用進行補修。因此，學校作為教育機構，對學生的學習成效進行評量，乃履行其教育職責的一部分。即便補考成績的計算方式未能符合如君的預期，法院認為，該措施對其影響屬於輕微干預，尚不足以構成對其權利的侵害，故不予支持其訴求。

教育真心話

折算成績這件事，本質上是機械性的計算，並不考量學生的實際情況，例如是否因為學生不夠努力，還是因為特殊原因導致表現受影響等。換句話說，這種規則一視同仁，卻未必公平。

法院的觀點往往是，只要學生能順利畢業，就不構成嚴重的權利侵害。然而，對學生來說，「分數」不只是數字，更是對自己努力的肯定，也是一種學習成效的反映。如果一切只看最終畢業與否，那麼學生辛苦讀書的價值何在？

我問過班上的孩子，幾乎每個人都覺得這樣的計算方式無視學生的付出，顯得不夠合理。法院重視的是結果，但對學生來說，過程的認同同樣重要。這樣的落差，或許正是制度設計時，應該再深思的地方。

獎懲制度篩選784釋字公布後，學生訴訟案真的很多嗎？

從司法院裁判書網以關鍵字「高級中學、國民中學、國民小學」搭配「學生再申訴」，並限定在釋字第784號公布後（108年）的案件來篩選，可以將與獎懲制度相關的訴訟分為兩大類：「大學」與「高中以下」。其中，大學的訴訟案例較多[55]，而高中以下（國高中及國小）目前總計不到20件。

如果進一步查詢教育部的學生申訴及再申訴專區[56]，會發現從民國111年到113年底，僅有22件再申訴案件。這樣的數據可能反映出一種現象：大學生的權利意識較強，而高中生雖然也關注自身權利，但多數人僅限於申訴、再申訴階段，較少進一步提起訴訟。這或許與升學壓力與學校環境有關，許多學生在畢業後選擇讓爭議過去，因此高中以下的訴訟量不如預期多。

最後，僅以黃瑞明大法官於協同意見書的一段文字與各位同業工會的教師們相互勉勵。

「另外，學校及教師亦不需過度擔心訴訟氾濫。過去因行政訴訟之大門緊閉，學生無從提起行政訴訟以為救濟，因此學生主張權利受侵害者，只能選擇採取民事或刑事訴訟。本號解釋作成後，開啟了行政訴訟之大門，並非一定增加訟端。況且學生（家長）得提起行政訴訟，未必就會贏。為因應將來可能之訴訟，教師及學校在進行教育及管理措施時，應更為嚴謹，避免主觀恣意，讓學生及家長心服口服，同時提升教學品質，落實申訴制度之功能，提高其公信力，避免訴訟，這才是本號解釋所欲達成學校、教師、學生及家長俱贏之效果。」

55 這部分經由查詢後，有以下幾種類型：大學生被退學、殺貓、假冒律師接訴訟案、因為性別事件被記過處分，或是因為犯罪被撤銷教育學程資格等，但最後的結果幾乎都是學校勝訴。

56 參考學生申訴及再申訴專區網址：https://friendlycampus.k12ea.gov.tw/StudentAffairs/54/2

肆　學生真的都不用負責任嗎？

當社會發生令人髮指的事件時，經常有網民將責任歸咎於學校，甚至連建中的菜單爭議都讓學校與在校生受到指責。這裡可以分為兩個層面：個人與學校。個人的行為涉及成長背景與個別因素，較難一概而論，但學校的處境則相當無奈。

教育理想上，學校的目標是引導學生，如教師法第1條與教育基本法第2條所述。然而，現實是「沒有足夠的工具、人力、時間與心力」，導致教師難以真正落實教育與輔導工作。一位教師除了授課、備課、研習，還要對30～35名學生進行輔導與行為矯正，這使得教師的工作負擔極為沉重，最終只能選擇放過自己，從經濟學的角度來看，這也是一種理性自利的選擇。

那麼，學生是否應該對自己的行為負責？

學生不可能永遠以「學生」的身分規避責任，教師也不能總是期待家長配合。因此，當學生的行為已影響到教師（包括民事或刑事責任），學生自然也應該負擔相應的法律責任。不過，這會根據學生的年齡而有不同的適用法律，進一步整理如下表。

應負責任	責任歸屬
民事責任	・七歲以下：孩子沒有責任，如果孩子有識別能力，法定代理人負起全責。 ・七歲到十八歲：孩子應負起責任，如果孩子有識別能力，法定代理人負起連帶責任。 ・十八歲以上：孩子自己負起全責。
刑事責任	・十四歲以下：不罰。 ・十四歲以上未滿十八歲：得減輕刑責。 ・十八歲以上未滿八十歲：完全責任能力。 ・八十歲以上：得減輕刑責。
少年事件處理法	・只處理十二歲以上未滿十八歲之兒童，依據涉及的事件分成少年保護事件或是少年刑事事件。

根據上表，14歲以下的兒童沒有刑事責任，但如果年齡介於12至14歲之間，且符合《少年事件處理法》的相關規定，則仍可能適用保護規定。此外，滿7歲以上的兒童需承擔民事責任，而7歲以下的學齡前兒童則完全不負法律責任。

簡單來說，國小學生僅需負擔民事賠償責任，而國中以上的學生則可能面臨民事賠償責任或刑事責任。這也與前面提到的案例相呼應，許多案件不僅涉及學生本身的責任，也可能擴及家長的連帶責任。這樣的法律設計反映了學生的年齡與行為責任之間的關聯，並非所有學生都能完全免責，而是依據年齡與行為的嚴重程度來決定應負擔的責任類型。

本篇重點法條

大法官解釋：第382號、第684號、第784號

《國民小學及國民中學學生獎懲準則》

《國民中學訂定學生服裝儀容規定之原則》

《高級中等學校訂定學生獎懲規定注意事項》

《高級中等學校訂定學生服裝儀容規定之原則》

《教育部主管高級中等學校學生在校作息時間規劃注意事項》

第二部分

校園日常裡的法律風險

本書接下來將分別探討下列三個主題：性別議題、教師的權益與義務，以及校園行政程序。這三個面向看似無關，實則交織，構成教師日常工作中最常遇到的法律風險與實務挑戰。

首先，性別議題在教育現場已經變得極為重要。許多教師出於善意關懷學生，但若缺乏基本的性別敏感度，便可能因語言或行為不當引發爭議，甚至申訴。理解性騷擾的法律判準能幫助教師更安心的進行教學互動，避免誤解，保持專業。在現今的法規背景下，性別事件對教師職涯影響深遠，甚至成為教師聘用的風險因素。因此，教師在與學生互動時，應時刻保持警覺，避免不小心進入性別爭議的泥淖。同時，隨著《跟蹤騷擾防制法》的實施，教師在關心學生時更應謹慎，確保行為不會引發誤解，這對教師自身的職業保障也是一種保護。

其次，教師在日常工作中，除了專注於教學，還需了解與職場相關的基本義務與權益。例如，請假、通報、兼職等行政程序看似繁瑣，但其實是保護教師的專業身分，讓教師能在規範內安心工作。透過熟悉這些規定，教師不僅能減少法律風險，還能在突發狀況中做出正確的選擇。

最後，學校的行政程序至關重要。從會議、處分到申訴，每一項都與教師的職業生涯密切相關，忽視正當程序不僅可能影響決策效果，甚至可能引發訴訟和社會關注。了解這些程序，能讓教師在面對挑戰時，冷靜並從容應對，確保自身權益不受侵犯。

這三個面向，從性別敏感到了解職業權益，再到正確運用行政程序，皆是教師面對現代教育環境中不可忽視的課題。本書希望能為您提供實用的法律知識與職場建議，幫助您在守法的同時，也能安心發揮教學熱情，讓每一位學生都能在安全、平等的環境中成長。

第七篇

校園內的性別議題最麻煩？

在教育現場中，師生互動頻繁，若缺乏性別意識與邊界感，往往容易產生誤解甚至衍生爭議。近年性別平權觀念提升，校園中對性別議題的敏感度也隨之提高，教師在陪伴與輔導學生時，除了展現關懷，更須具備專業的分際判斷，避免善意被誤解或逾越法律界線。

性別界線不只是物理距離，更是一種對角色、場合與他人感受的尊重。譬如對學生的外貌評論、肢體接觸或私下互動，若缺乏判斷，即使出於好意，也可能被視為不當行為。教師若未能清楚掌握互動分寸，即使主觀無惡意，也可能在調查過程中承受極大壓力，影響專業聲譽與職涯發展。

值得注意的是，性別事件的影響不限於教師任職期間，過往行為亦可能被檢視並成為聘任與升遷的障礙。尤其在《跟蹤騷擾防制法》施行後，教師在關心學生時更需留意互動方式與頻率，避免行為落入法律禁止的範疇。

本篇將從性別互動中的界線出發，透過案例解析常見誤區，協助教師在展現教育熱忱的同時，也能守住法律與專業的界線，讓性別尊重與信任成為教學現場的重要基礎。

壹 性騷擾的判斷標準是什麼？

○事件56「妳的身材比她好」令學生感到不安，會構成性騷擾嗎？

教師協助縣內國中生參訪其所屬學校。翌日，一名參訪學生向學校通報疑似不當言行，並表示該教師於講解後，遂乃將目光轉移至女同學身上，且指著一旁協助的學姐說：「而且妳的身材比她好。」當下女學生覺得不舒服，並立刻將外套拉鍊拉上，調整衣著以表達不安。經學校調查後，認定該教師行為不當，並決議要求其自費接受性別平等教育相關課程及心理諮商，直至完成評估。此外，該教師需向學生提出書面道歉，並受一次申誡處分。惟教師對該決議不服，遂依相關程序提出申訴。

法院怎麼說？

性騷擾的認定應綜合考量案件發生的背景、當事人關係、工作環境、行為人的言詞

教育真心話

與行為，以及相對人的認知等具體事實。雖然相對人的主觀感受不可忽視，但不能僅憑個人認知作為唯一判斷標準，而應回歸客觀情境，衡量當事人之間的互動、言行是否達到性騷擾的認定門檻。如果行為人有合理的解釋，即便其言行在當下稍顯不慎，導致相對人感到不適，仍須評估其對他人權益的實質影響，並依社會通念進行合理評價，不能單憑相對人的主觀感受，即認定構成性別平等教育法第3條第3款第2目所規範的性騷擾行為。

例如，本案件中法院從錄音內容與教師訪談陳述發現，教師提及「身高」與「身材」是基於講解航運業就業條件的需要，雖然此言論讓女學生感到不適，但並未客觀貶損其人格尊嚴，亦未使其處於敵意或受侮辱的環境，因此不構成性騷擾。此外，「身材」應包含身高、體重等體態特徵，而非特指胸部，然而學校僅憑女學生的主觀認知，即認定該言詞具有性意味，進而裁定教師構成性騷擾，顯然缺乏充分依據。即使教師曾發表相關言詞，亦應考量當時的上下文脈絡，該言論係在參訪課程中討論航運業可能涉及的工作條件，具有特定的事實背景，在此情境下，教師的言詞難以構成性騷擾行為。

性騷擾的判斷標準並非單憑被害人的「主觀感受」，而是必須同時考量「主觀感受」與「合理被害人」的標準，這已是實務上明確且堅定的認定基準。換言之，雖然被害人的感受是重要因素，但仍須評估在相同情境下，一名理性、一般人的立場是否會同樣感到受害，即所謂的「合理被害人」標準。

本案判決雖強調應考量行為發生時的客觀環境與語境脈絡，這實際上也是「合理被害人」標準的應用，然而，若能使用更明確的表述，將有助於一般大眾理解。例如，在健康教育課程中，教師可能會提及男女生理結構、性器官等相關詞彙，若某些學生因個人感受較敏感而認為遭受性騷擾，則仍應回歸客觀環境與語境進行評估。由於這類內容屬於課程範疇，並非針對特定對象進行冒犯或貶抑，即便個別學生感到不適，亦不構成性騷擾。

※事件57 社群上影射護理人員的羞辱性言語，令他人感到不適。

護理師小翾持有護理師執業執照，並長期從事第一線護理工作。某日，她在網路上看到一名網紅在臉書上傳影片，內容以充滿性暗示的羞辱性言語貶低護理師職業（並非針對個人，而是針對整個護理師群體）。小翾認為此舉嚴重損害其人格尊嚴，讓她感到厭惡與不適，甚至影響日常生活作息，於是向警方提出性騷擾申訴。警方受理後，認定該網紅行為構成性騷擾。然而，網紅不服此認定，向市政府提出申訴，經審議後，市政府決議該事件不構成性騷擾。小翾對此結果不滿，進一步提出救濟，一審法院判決護理師勝訴。市政府不服此判決，隨後提起上訴。

法院怎麼說？

性騷擾的判定主要取決於被害人的「主觀感受」及其所受影響，而非行為人是否具有侵犯意圖。然而，為確保判斷的客觀性，還需輔以「合理被害人」標準，即考量一般人在相同背景、關係及環境下，是否也會對該言詞或行為感受到性騷擾。

《性騷擾防治法》的保障範圍不應僅限於工作權、身體自主權、經濟安全權、學生的受教權、人身安全及兩性平等權益，更應涵蓋任何因性騷擾行為而受侵害的權益。在該法對「性騷擾」與「他人[57]」的解釋上，亦不應僅限於人身安全，而應更廣泛涵蓋所有可能受到性騷擾影響的個體。

在網路時代，性騷擾不再局限於實體場所，而可能透過數位媒介發生，並因網路的傳播效應被放大、延伸，影響範圍更廣。因此，判斷性騷擾時，應考量網路環境所帶來的特殊影響，擴大對因數位性騷擾而處於敵意環境的被害人之保護。若僅以傳統的物理空間來界定性騷擾的發生範圍，將導致網路空間中的受害者無法獲得有效保障，這與《性騷擾防治法》應隨時代與環境變化，提供全面防治與保護的立法宗旨明顯不符。

法院認為，《性騷擾防治法》立法時，網路服務尚未普及，因此當時主要針對現實社會中的物理空間，並以保障人身安全為核心。然而，隨著科技發展與網路普及，性騷擾的樣態已不再局限於實體場所，而是可能透過數位媒介擴散。因此，《性騷擾防治法》的制定應與時俱進，順應國際立法趨勢，針對不同情境中的性騷擾行為，制定更完善的防治機制，以確保整體防治效果。其保護範圍也不應僅限於婦女的人身自由，而應擴及所有可能因性騷擾而受害的個體，提供更全面的法律保障。

教育真心話

在傳統解釋中，《性騷擾防治法》中的「他人」通常指「實際受害者」，例如甲對乙進行性騷擾，則乙被認為是「他人」，而其他旁觀者則不被視為受害者。然而，在本案中，法院認為，隨著網路服務的發展，性騷擾的概念已不應僅限於發生在同一物理空間內的互動，而應考量網路環境的特性，重新定義「性騷擾」的範圍，以確保法律的適用性與有效性。

57 性騷擾防治法第2條第1項：本法所稱性騷擾，指性侵害犯罪以外，對「他人」實施違反其意願而與性或性別有關的行為。

貳 如何認定性平會成員的資格？

※事件58 教師捲入性騷擾事件後，質疑調查小組人員不具特教資格。

教師建宏涉入疑似性騷擾事件後，學校性平會展開調查。調查初期，小豪雖被列為檢舉案的被害人之一，但經調查報告結果認定，建宏在此部分並未構成性騷擾。因此，關於小豪的部分，學校性平會的決定對教師並無不利影響，且小豪亦未表示不服，因此該部分應不在教師提起申復、訴願或行政訴訟的爭訟範圍內。但建宏卻進一步主張，負責調查小豪案件的調查小組成員資格有疑慮，並請求法院一併審查此爭議。

法院怎麼說？

根據校園性別事件防治準則第24條第2款規定，學校或機關在調查校園性別事件時，若當事人（包含疑似加害人或被害人）持有身心障礙證明或有效的特殊教育學生鑑定

員，可能有利益衝突之虞，違反迴避原則，故提出性平會組成違法。

法院怎麼說？

行政程序法第32條第3款規定：「公務員在行政程序中，有下列情形之一者，應自行迴避……三、現為或曾為該事件當事人之代理人、輔佐人者。」其中的「代理人」應指基於委任關係的代理人（如律師）或身分關係的法定代理人（如父母、監護人）。

在本案中，學校得知疑似性騷擾事件涉及多名學生後，基於行政程序上的便捷，指定學務主任為檢舉人以啟動調查。而學務主任並非疑似被害學生的程序代理人，也非其法定代理人，並不符合行政程序法第32條[58]第3款所稱應自行迴避的「代理人」身分。因此，其作為性平會委員參與決議，並無違法。

教育真心話

性平會最常被挑毛病的地方都是程序問題，例如調查員資格？要不要迴避？有沒有給陳述意見？行為人準備答辯的時間是否足夠？調查時是否誘導？這些問題在《性別平等教育法》中其實都有規定，例如第33條第6項規定「行政程序法有關管轄、移送、迴避、送達、補正等相關規定，於本法適用或準用之」。此外，於本書第九篇將會說明教評會及考核會程序上的注意事項。

58 按迴避事由有「絕對迴避事由」與「相對迴避事由」二種。前者（絕對迴避）例如行政程序法第32條各款迴避事由，不待當事人申請，均應予迴避，後者（相對迴避）例如行政程序法第33條第1項第2款之迴避事由，須經當事人申請，始須迴避。可參考台北高等行政法院高等行政訴訟庭111年度訴字第349號判決，以及台中高等行政法院高等行政訴訟庭113年度第23號判決。

參 如何判定性別事件中的證據？

※事件60 性別事件中的證據認定標準為何？

一、被害人的證詞認定

性侵害案件發生後，被害人往往因心理創傷而難以完整陳述事發經過，特別是在面對加害人時，可能因恐懼、壓力或羞恥感，影響表達。如果被害人與加害人存在親屬關係，更可能陷入心理掙扎，增加敘述困難。此外，被害人內心的衝擊可能導致潛意識選擇遺忘或避談創傷經歷，特別是未成年被害人，因認知及表達能力有限，陳述可能出現細節遺漏或不一致的情況。

因此，在調查或審判過程中，法院應考量被害人的心理狀態，不能僅因其陳述細節有出入，就全盤否定證詞。法律強調對案件核心事實的判斷，而非以「零誤差」作為證詞標準。只要主要事實前後說法一致，且有其他證據支持，便應綜合考量，而非因細微矛盾就推翻整體證詞。本案中，未成年被害人在多次陳述中對案發的關鍵情節保持一致，並有補強證據可供參考，因此無法僅因部分細節有所出入，就否定其指控的可信度。

二、被害人以外證人的證詞認定

在本案中，其他證人對被害人遭遇時的互動情境、言行舉止、心理狀態及應對反應等（即間接事實），可作為獨立於被害人陳述之外的證據方法，具備補強證據的資格。這類證據可藉由其與案件事實是否存在合理的常態關聯，推論被害人所述經歷（直接事實）的真實性。

根據兩位老師的證詞及政府社工人員的訪視紀錄，這些證據的價值在於描述被害人訴說案情時的情緒反應，屬於間接證據，可合理推論被害人當時的心理狀態。由於這些內容來自師長及社工人員的親身觀察，而非單純轉述被害人說法，更非主觀臆測或個人意見，因此可作為適格的補強證據，具備證據能力。

※事件61　性別事件中，錄音或錄影能當作有效證據嗎？

小翾表示，校長曾以討論工作為由，邀請其至辦公室談話。過程中，校長突然拉近椅子要求她坐下，並在未經同意的情況下，對其身體多處進行不當接觸，包括按壓頭部與肩膀，以及其他涉及身體隱私部位的動作。小翾認為，校長的行為已構成性騷擾，甚至可能涉及濫用職權的不當行為。事發後，小翾因心理壓力前往身心科就診，並支付醫療費用，另請求精神慰撫金作為損害賠償。

法院怎麼說？

民事訴訟與刑事訴訟的目的不同，因此對證據的規範也有所差異。《刑事訴訟法》對證據能力有較嚴格的限制，而《民事訴訟法》並未明文規範違法取得之證據是否具證據能力，應依案件情況衡量是否採納。法院在判斷時，會考量發現真實與訴訟的必要性、違法取證對法益的侵害程度，以及是否會誘發更多違法蒐證行為。一般而言，若取證行為未嚴重侵犯人格權、未以違反社會道德的方式進行，或未違反重大法益，則不能一概否定其證據能力。

在性騷擾或性侵害案件中，加害行為往往發生於隱密環境，且被害人舉證困難，因此，若錄音或影像證據非以強暴、脅迫等手段取得，基於發現案件真實、確保訴訟公正及維護秩序等考量，法院可將其作為裁判依據。法官在評估此類證據時，會綜合衡量其重要性、必要性、蒐集方式是否合理，以及是否嚴重侵害對方權益，若符合標準，即可納入判決參考。

教育真心話

「人類在別人身上犯下的罪行，為什麼要法官饒恕呢？」

——《來自地獄的法官》

性侵應該是所有性別事件中最不可以被饒恕，也最令人髮指的事由！不管法官如何狠下心來判決，都無法彌補被害人受到的身心靈創傷。

性別事件有個特性，通常發生在相對比較隱密的地方，不容易取得直接證據，都必須靠被害人的證詞，或是偷錄音方式，以及事件發生後旁人觀察到的身心狀況，來決定是否發生過該事件。如果對於被害人的證詞過度挑剔，要求必須前後完全一致，不能有所偏差，此時反而是課予被害人過度的責任，這真的符合公平正義嗎？

肆 如何衡量教師品德？

關於教師品德這個問題，讓我們先回到大法官釋字第702號解釋文的內容：

「……我國素有尊師重道之文化傳統，學生對教師之尊崇與學習，並不以學術技能為限，教師之言行如有嚴重悖離社會多數共通之道德標準與善良風俗，若任其擔任教職，將對眾多學子身心影響至鉅；其經傳播者，更可能有害於社會之教化。」

從釋字第702號解釋文中強調教師的「言」、「行」對於學生的重要性，如果「言」、「行」已經嚴重違反社會多數的道德標準，就可能會嚴重影響學生身心，因此必須嚴格把關這個部分。

◎事件62　任教之前曾發生過性別事件，會影響聘任嗎？

教師建宏於107年間涉及性騷擾事件，經地方政府社會局審認成立，並於109年底遭裁罰新台幣3萬元確定。然而，教師於109年通過甄試並受聘為專任教師。110年，學校經查國教署不適任教師系統後，始知其被列冊不適任，遂進行校安通報並召開性平會。

初期會議決議不解聘，但地方政府指程序有瑕疵，學校遂補正並聘請律師審議，最終於性平會第4、5次會議中，依性騷擾防治法第20條及教師法第15條第1項第2款決議解聘，並建議2年內不得聘任為教師。

法院怎麼說？

教師法第15條旨在判斷教師是否具備不適任情事，並非僅限於擔任教師期間的行為，且未要求「行為發生時」與「教師身分」需同時存在。教師涉及故意性騷擾行為，顯示人格缺陷，且經專業評估，不適任教職。考量國小學生判斷力不足，易受教師權威影響而無法拒絕不當行為，因此，此類行為對學生威脅甚大。

此外，教師身為教育者，卻違反師道，損害社會對教師之信任及專業尊嚴，難以作為學生表率。綜上，為維護校園安全及保障學生權益，法院認定解聘具有必要性。

◎事件63　專業教練曾發生過性別事件，也會影響聘任嗎？

教練建宏在大學畢業前已取得國家C級教練資格，畢業後曾短暫擔任學校課後足球社團教師，並進一步通過國家B級教練資格。然而，中華民國足球協會後來得知原告曾涉及刑法第227條第1項案件，遂依據相關管理辦法進行審查。

協會認定原告的情形符合特定體育團體建立運動教練資格檢定及管理辦法第4條第2款的規定，經紀律委員會審議後，決議撤銷其B級教練資格，並裁定終生不得參與教練資格檢定，為該辦法下最嚴格的處分。

法院怎麼說？

特定體育團體建立運動教練資格檢定及管理辦法第4條第2款的立法理由，主要在於考量教練職務與學生、運動員及一般民眾的頻繁接觸，因此對曾犯妨害性自主、妨害風化及妨害自由罪者，明確規定不得申請教練資格檢定，以確保相關人員的安全。

教育部於111年及112年修訂該辦法，將不得申請教練資格的期間區分為「終身」與「1至4年」兩種情況，以符合比例原則。然而，若犯罪情節重大，仍維持終身不得申請資格的規定，以保障學生及運動員的安全。即使法院對教練判處緩刑，並最終未撤銷緩刑，使罪刑法律上消滅，該制度仍不影響資格檢定辦法的適用。由於辦法第4條第2款未設有「緩刑期滿未經撤銷者，不在此限」等例外條款，教練仍被認定不符合資格檢定的規定。

教育真心話

從上述兩個判決可以看出，其共同點在於個人於擔任教師或教練**之前**的行為，仍可能對其日後的工作權產生重大影響。這反映出當前社會與法律對於教育工作者的高度期待，要求其具備良好的道德標準與行為紀錄。

因此，在「容錯」方面，標準相對嚴格，對曾涉及特定違法行為者，可能終身限制其從事教育或體育指導工作。這正是法律價值與社會規範共同作用的結果，以確保教育環境的安全與公信力。

這讓我想起日劇《極度不妥》中的一個主題「只犯了一次錯，難道不行嗎？」劇中新聞部的男主播因外遇而受到社會上多數民眾的撻伐，以致於沉寂一段時間後仍然無法復出。男主角小川市郎為了幫助外遇的男主播，便四處街訪民眾對於男主播復出的看法，最後竟然沒有人能明確說出拒絕他復出的具體原因。

小川市郎：「他就只是在工作而已，為什麼會需要社會大眾的原諒？」

新聞部部長：「……不管怎麼做都會被罵，風頭過了就一定會有人再翻舊帳，我們就是活在這樣的地方，給我做好覺悟。」

小川市郎：「不過就犯了那麼一次錯啊！」

新聞部部長：「現在就連一次都不容許！」

性別事件在校園內是一次的犯錯也不允許，無論過去、現在，還是未來，這就是現在的氛圍，還請各位教師們要謹記在心。

伍《跟蹤騷擾防制法》的內容為何？

為什麼要談到這個部分？在高中以下的校園，除了具有傳統歷史的學校外，大部分都是不同生理性別混合的學校，當然我們不能否認有相同生理性別間的追求行為，此時，《跟蹤騷擾防制法》就有它存在的意義與價值。所以讓我們花點篇幅來看看這部法律吧！

一、立法理由是什麼？

為什麼會有《跟騷法》？

立法目的是為了保護個人身心安全、行動自由、生活私密領域及資訊隱私，免於受到跟蹤騷擾行為侵擾而設，且根據立法理由說明，跟蹤騷擾行為使被害人心生恐懼、長期處於感受敵意或冒犯之狀態，除造成其心理壓力，亦影響其日常生活方式或社會活動，侵害個人行動與意思決定自由。因此，為保障民眾權益並利於遵行，《跟騷法》選擇數種社會上常見的跟蹤騷擾行為樣態統一規範，並參考先進國家，如美國、英國、歐盟及日本等之立法例，將該行為犯罪化。

但臺灣高等法院[59]認為，跟蹤騷擾行為的規範係基於危險犯（尚未發生犯罪結果）概念，使國家公權力可以大幅提早介入調查及處罰，因此，必須將其適用範圍限縮在易發生危險的行為，及時保護生命、身體及自由等核心法益免受侵害，以符合比例原則。

二、跟蹤騷擾行為有哪些？

讓我們看看跟蹤騷擾法第3條的規定：

「本法所稱跟蹤騷擾行為，指以人員、車輛、工具、設備、電子通訊、網際網路或其他方法，對特定人反覆或持續為違反其意願且與性或性別有關之下列行為之一，使之心生畏怖，足以影響其日常生活或社會活動。」

立法理由認為，從外國法制的經驗、案例及研究得知，跟蹤騷擾行為是源自於迷戀、追求（占有）未遂、權力與控制、性別歧視、性報復或性勒索等不同因素，這類與性或性別有關的跟蹤騷擾行為人，通常無視對方意願而施加大量關注甚至意圖控制，其行為顯示將被害人當成自己的附屬品，因而具有高發生率、高恐懼性、高危險性及高傷害性等四高特徵，因此才以「與性或性別相關」定明行為構成要件；至於有無該當跟蹤騷擾行為，應一併衡酌被害人主觀感受，並以「合理被害人」為檢視標準。

要件一：與「性與性別有關」

依照《消除對婦女一切形式歧視公約》第28號一般性建議意旨，「性（sex）」係指男性與女性的生理差異，「性別（gender）」指的是社會意義上的身分、歸屬和婦女與男性的作用，以及社會對生理差異所賦予的社會和文化含義等。又依照公約第19號及第35號等一般性建議意旨，「基於性別的暴力」係針對其為女性而施加暴力或不成比例的影響女性，包括身體、心理或性的傷害、痛苦、施加威脅、壓制和剝奪其他行動自由，即係將女性「在地位上從屬於男性」及其「陳規定型角色加以固化」的根本性社會、政治和經濟手段。

另隨著法治化發展、性別主流化概念普及與性別意識提升，《公約》保護範圍已不限生理女性，而擴及各種性別及性取向者。

要件二：須「持續或反覆」

是指「非偶然一次」為之，參考德國聯邦最高法院認為判斷「持續反覆」要件，重點在於行為人是否顯露出不尊重被害人反對的意願，或對被害人的想法採取漠視而無所謂的心態。奧地利的《刑法》認為應從「時間限度」，即長時間的騷擾，結合「量的限度」，即次數與頻率作整體評價。日本則認為所謂「反覆」，係指複數次重複為之，以時間上的接近性為必要，並就個別具體事案作判斷。

本條適用不是說全部款項的要件皆須成立，僅須反覆或持續從事第一項各款行為之一項或數項，即適用本條。

要件三：「要心生畏怖」

心生畏怖的判斷標準，是指已經使被害人明顯感受不安或恐懼，並超過社會通念所能容忍之界限。

三、跟蹤騷擾行為的樣態有哪些？

跟騷法第3條規範的樣態共有以下八類：

1. 監視、觀察、跟蹤或知悉特定人行蹤。
2. 以盯梢、守候、尾隨或其他類似方式接近特定人之住所、居所、學校、工作場所、經常出入或活動之場所[60]。
3. 對特定人為警告、威脅、嘲弄、辱罵、歧視、仇恨、貶抑或其他相類之言語或動作。
4. 以電話、傳真、電子通訊、網際網路或其他設備，對特定人進行干擾[61]。
5. 對特定人要求約會、聯絡或為其他追求行為[62]。
6. 對特定人寄送、留置、展示或播送文字、圖畫、聲音、影像或其他物品。
7. 向特定人告知或出示有害其名譽之訊息或物品。
8. 濫用特定人資料或未經其同意，訂購貨品或服務。

※事件64　託人轉送物品給他校同學，算是追求行為嗎？

小翾與小豪曾為國小高年級同學，國小畢業後，兩人在同一所國中、不同班級就讀，仍時常以訊息來往聊天。後來，小翾漸漸對此感到過於頻繁與麻煩，試圖慢慢減少聯繫，不過小豪還是希望可以繼續保持聯繫。到了高中，兩人分別考取不同學校，某天小翾於班級午餐時間，收到來自同校不同班的同學，澤瑞的轉交物，原來是小豪請他代為轉交給小翾，而小翾不知道該如何拒絕，只能勉強收下來，當時因為導師有要事不在辦公室內，小翾隨即告知母親，經由母親通知導師協助處理，並將轉交物由導師保管。

後於學校校慶園遊會時，小豪到小翾的學校並至其班級攤位等待，小翾害怕得不敢到攤位，並告知導師此事，導師得知後同時告訴小翾，如果再次看到小豪馬上跟導師聯繫。

後續處理方式

後來導師與校安人員經小翾告知後，隨即前往並且將小豪帶至校園可以談話的處所，並詢問小豪相關事由，小豪說想要維持交朋友的狀況，導師與校安人員嚴正說明，小翾已不願再與小豪有任何往來，請小豪不要再利用各種方式來接近小翾，包含刻意在某些地方等待，或透過其他人轉交物品，社群軟體也不要追蹤等，拉開彼此的空間，同時也說明，如果再有相關行為，小翾的家長不排除採取法律上的行動，請小豪自重。

教育真心話

對於十多歲的青少年，面對心儀的對象有部分追求的行為，其實很正常，但是如果過度而不自覺，就是《跟蹤騷擾防制法》出動的時刻了！

本案是我親自處理的，強調的重點是要說明清楚不要再有往來，但也建議「什麼是往來？」必須明確到讓小豪可以知悉哪些行為是不行的，例如：法規中的盯梢、守候、尾隨等，而不是只給他「不准往來」這種模糊的答案。至於後續，敝校生輔組還是跟小豪學校聯繫，請他們做後續的輔導處理。

四、《跟蹤騷擾防制法》的特別規定

如果行為人不是對特定人有第3條的行為，而是對特定人周邊的人呢？

我們先來看看法條怎麼說：

「對特定人之配偶、直系血親、同居親屬或與特定人社會生活關係密切之人，以前項之方法反覆或持續為違反其意願而與性或性別無關之各款行為之一，使之心生畏怖，足以影響其日常生活或社會活動，亦為本法所稱跟蹤騷擾行為。」

立法理由說實務上很常見行為人為了追求特定人，而對特定人的配偶、直系血親、同居親屬或與特定人社會生活關係密切的人，實行違反其意願而與性或性別無關之跟蹤騷擾行為，為避免產生規範缺漏，參考日本及德國立法例，將與該特定人社會生活關係密切的人納入保護，包含以家庭、職場、學校或其他正常社交關係為基礎，與該特定人處於穩定互動關係的人。

因此，如果是為了追求特定人而跟蹤騷擾特定人身邊的人，也是《跟騷法》規範的範圍。

※事件65 有感情上的追求行為，就是跟蹤騷擾嗎？

這是一個很有趣的問題。在性別間的追求情況，可能會產生一方沒有明確拒絕或欲拒還迎，享受被追求的過程、喜歡曖昧，不確定自己是否喜歡對方，或因為社交禮儀不好意思直接拒絕，甚至想考驗對方是否真心對待自己等行為，而讓對方不放棄追求。

所以，有學者認為，是否成立跟蹤騷擾的行為，除了要審酌上述的情況外，還必須審酌「他方有無直接明確拒絕」或是「其他適當的行為已表示拒絕」，且同時參考被害人的心理反應及被害人因跟騷行為造成生活型態改變等，作為是因加害人行為所引發的恐懼（不安）等證據來進行綜合判斷，而非一出現跟騷行為就定罪。

五、跟蹤騷擾有哪些跡象？

常見的跟騷跡象[63]如下：

1. 收到不明的社交網路訊息，陌生人加好友、高密度按讚留言、藉機互動刷存在感。

2. 執著的陌生來電，查不到來電來源，接起電話不說話。
3. 頻繁在公共場合遇到同個陌生人，甚至發現他進而接近自己、同事、鄰居或朋友，打探自身消息。
4. 收到持續性，且送禮者不明的陌生禮物。若因困擾將禮物丟棄，使得陌生送禮者好意得不到回應而被激怒，導致最後收到變相的恐怖惡意禮物。
5. 經常遇到意外，卻總是得到同一個人的即時協助。需小心意外可能是人為創造的假象，意圖製造互動機會。
6. 莫名謠言纏身，可能來自惡意跟蹤者故意散布的詆毀攻擊，讓自己疲於應付。
7. 未顯示來電的不明來電或訊息，或是和友人通話時，出現奇怪的回音、摩擦噪音，則可能遭到竊聽。

六、發現跟蹤騷擾行為後，被害人可以怎麼做？

第一種：書面告誡與保護令

第1步：報警

跟騷法第4條：「警察機關受理跟蹤騷擾行為案件，應即開始調查、製作書面紀錄，並告知被害人得行使之權利及服務措施。」

第2步：核發書面告誡

警察經過調查後，若認為行為人確實對被害人有跟騷行為的嫌疑時，警察機關應該依照職權或是被害人的請求，核發「書面告誡」給予行為人。此行為的目的是要告誡行為人不可再對被害人進行跟蹤騷擾行為。

第3步：核發保護令（如有必要）

行為人在警察機關核發書面告誡後的二年內，如果有再對相同特定人為跟蹤騷擾行為的話，被害人就可以向法院聲請時效期間為兩年的保護令。保護令的內容可以僅限下列四種，但沒有限制只能選擇一個，換言之，可以在一個保護令中有數種禁止規定：

1. 禁止相對人為第3條第1項各款行為之一，並得命相對人遠離特定場所一定距離。
2. 禁止相對人查閱被害人戶籍資料。
3. 命相對人完成治療性處遇計畫。
4. 其他為防止相對人再為跟蹤騷擾行為之必要措施。

第4步：違反保護令罪（如有必要）

如果行為人違反保護令的規範內容[64]，可能會被處以三年以下有期徒刑、拘役或科或併科新臺幣三十萬元以下罰金。

但是各位要注意的是，違反保護令罪在法律評價上屬於「非告訴乃論」，意思就是即使被害人不想追究，檢察官還是可以起訴並由法院審判。

第二種：依兩種犯罪行為的樣態而定

第1步：報警到檢察官偵查

另外行為人持續有跟蹤騷擾行為時，被害人也可以到警察局提出刑事告訴。

第2步：移送檢察官偵查

如果警詢後，移送所在地的地方檢察署進行後續偵查。經檢察官偵查後，認為行為人違反《跟蹤騷擾法》，即會提起公訴，移送至地方法院由法官進行審理。

第3步：法院判決

法院經過程序審理完畢後，如認定行為人的行為確實違反《跟蹤騷擾法》，會依其情況給予適當的判決，通常為以下兩種之一。

1. 普通跟蹤騷擾罪

是指行為人如果客觀上有第3條的各項行為且故意為之的話，就可以依照第18條第1項規定，處一年以下有期徒刑、拘役或科、併科新臺幣十萬元以下罰金，但比較特別的是，如果是屬於這種犯罪的話，是告訴乃論。

告訴乃論是指被害人必須於知道犯人時起六個月內提出告訴，並經檢察官開啟偵查後，法院才能進行審判的犯罪，所以被害人必須在知道行為人是誰後的六個月內提起告訴。

2. 加重跟蹤騷擾罪

但如果行為人在為跟蹤騷擾行為時，有攜帶凶器或其他危險物品的情況，會加重刑責到五年以下有期徒刑、拘役或科或併科新臺幣五十萬元以下罰金。

「凶器」是指足以對人的生命、身體或安全構成威脅，具有殺傷性、危險性的器械，種類並無限制，例如刀、槍等，「其他危險物品」是指與凶器一樣的危險性之物品，例如爆裂物、毒物、腐蝕性物品等，重點是凶器或危險物品只要隨身攜帶都算，不管當初攜帶這些東西的原因是什麼。

特別處分：預防性羈押

如果行為人有「加重跟蹤騷擾罪」（第18條第2項）或是「違反保護令罪」（第19條）的話，法院經調查後認為犯罪嫌疑重大，也足以認為行為人有「反覆實行」的可能性而有羈押之必要者，可以羈押行為人，暫時移送地方看守所。

◎事件66 因單方過度追求，而演變成跟蹤騷擾的行為。

‧實例1 可以易科罰金的跟蹤騷擾行為

教師建宏於民國111年9月間，發現社群軟體遭小翾封鎖，因而心生不滿，竟基於跟蹤騷擾他人之犯意，自111年9月14日起至同年11月15日止，接續寄送電子郵件20餘封及明信片1封，電子郵件及明信片內容為要求小翾與其聯繫、表達對於小翾斷絕聯繫及封鎖之不滿、表達對小翾之愛意等，致小翾心生畏怖並足以影響日常生活或社會活動。顯然已構成跟蹤騷擾防制法第3條第1項第4、5、6款之跟蹤騷擾行為。

第一審法院判決處有期徒刑三個月，如易科罰金，以新臺幣壹仟元折算壹日，但是到第二審法院卻改判55天，也可以易科罰金。

● 實例2　不可易科罰金的跟蹤騷擾行為

建宏與小翾於數10年前曾係情侶，為求再與小翾聯繫交往，竟基於跟蹤騷擾之單一犯意，以GOOGLE搜尋小翾就讀的大學研究所後，將手寫含有與性相關的文字信件，與兩人交往期間經歷事件相關物品的包裹，先後寄至研究所之系所辦公室予小翾。後另持續以電子郵件信箱帳號先後傳送電子郵件共1900餘封，及小翾娘家附近、小翾固定前往教堂之照片、被告錄音檔案共1143個，至小翾所屬之研究所公務電子郵件信箱，經小翾在桃園市住處使用手機連結網路，登入前揭公務電子郵件信箱而閱得上揭電子信件及檔案。

小翾不堪其擾，提出告訴後，建宏假藉道歉名義，傳送暗示其與小翾間性關係之訊息給好友名單中之小翾配偶，以此種違反小翾意願方式反覆及持續以電子通訊、網際網路對小翾進行干擾，及寄送與性有關之文字、物品予小翾，使小翾心生畏怖，足以影響日常生活及社會活動。

最後法院判處被告建宏有期徒刑十個月，並不得易科罰金。

證明，則調查小組成員中應包含具備特殊教育專業者。法院認為，這項規定的核心意旨在於確保調查過程的正確性，保障雙方當事人的權益，特別是在與當事人溝通詢問時，具備特殊教育背景的專業人士能夠提供更適切的處理方式。

即便假設小豪屬於本案爭議的當事人（法院特別補充說明：實際上並非如此），依特殊教育法第7條第3項規定，具備特殊教育專業的標準為修習特殊教育學分3學分以上。而本案中，調查小組成員確實曾修習特殊教育學分，並於庭審中證明其專業資格，並當庭提出成績單檢視無誤後，密封附卷存證。因此，該調查小組的組成符合法規要求，並無違法之處。

※事件59　性平事件公益檢舉人，能否擔任性平委員會委員？需要迴避嗎？

學校接獲學生投訴，知悉疑似性騷擾情事並涉有多名疑似被害人，基於公益考量，參照相關法規與教育部規定，遂指定學務主任擔任檢舉人，填具性騷擾事件檢舉調查書，開啟調查程序，以便於就多名疑似被害人之相牽事件一併調查。

但教師建宏認為學務主任既為檢舉人，可能已有定見；又學務主任為性平會委

教育真心話

這兩個案子都是身為教職的教師對於某個特定人為跟蹤騷擾的行為，結果卻大相逕庭，一個可以易科罰金，一個不能易科罰金（**〔實例2〕**的教師甚至因此丟了教職），也就是法官考量了行為人的行為嚴重程度，而給予相對應的刑責。再次強調這樣的行為是不好的，更何況身為教職的教師。但行為違法性也是有程度輕重之分，畢竟「21封」與接近「3000封」，還是有明顯差別。

最後，僅以日劇《極度不妥》中的一段話為校園性別的章節下最後的註解：

「不管是AV女優，還是偶像，不管是一般女性或是老婆婆，只要把他們想成是某個人的女兒就好了，不會對自己女兒說的話就不要說，不會對自己女兒做的事情就不要做，不要做出讓女兒傷心的事情，做點能讓女兒開心的事情，那就是我們的準則。」

59 參考臺灣高等法院113年度上易字第472號刑事判決。

60 包含跟蹤騷擾行為人接受到要求離開的要求後，仍然滯留該等場所。

61 包含撥打無聲電話或發送內容空白之傳真或電子訊息，或經拒絕後仍繼續撥打電話、傳真或傳送電子訊息等。

62 是指對於特定人展現其基於戀愛、憧憬、好感或對其有性相關意圖等感情所為之表達行為。

63 本文整理自2024年10月24日，於國立新竹女中舉辦的「違法的浪漫～從《跟騷法》談親密關係與性別暴力」研習，主講者：秦季芳老師。

64 僅限違反以下這三款的保護令內容，才是違反保護令罪：一、禁止相對人為第三條第一項各款行為之一，並得命相對人遠離特定場所一定距離。二、禁止相對人查閱被害人戶籍資料。三、命相對人完成治療性處遇計畫。

本篇重點法條

《性別平等教育法》

《性騷擾防治法》

《跟蹤騷擾防制法》

《行政程序法》

第八篇

教育現場常見的法律問題

在多元且注重權益的校園環境中，教師不僅是知識的傳遞者，也是學校運作中的重要一環。教師享有法律保障的權利，這些權利包括言論自由、合理工作條件、參與校務的權利以及接受正當程序對待的保障，這些都是支持教師專業發展和身心健康的基礎。教師的義務包括依法教學、善盡照顧責任、尊重學生權益，以及遵守校內相關行政規定，例如請假程序、兼職申報、通報義務等，這些看似細微的行政作業，往往在爭議事件中成為判斷教師是否失職的重要依據。

然而，權利與義務從來不是彼此對立的概念，而是相互依存、共同維繫教育品質與師生信任的基礎。唯有理解並善用這些法律工具，教師才能在制度內安心實踐教育理念，也才能在遭遇風險時，適時自保。

本篇將從教師最常面對的校園法律問題出發，帶領讀者理解在現行法規與制度下，教師應注意的義務範圍與權利保障，協助教師在專業實踐中走得更穩、更安心。

壹 如何兼顧教學與班級經營65？

在教育體系中，教學與班級經營是最為關鍵的兩大元素。教師在教學方面，除了必須依照課綱進行，還需注重教學方法的多元化及評量的有效性，這些都對學生的學習成效有深遠的影響。至於班級經營，則涵蓋了導師對班級的日常管理、專任教師維護課堂秩序，以及導師與家長間的良好溝通。這些環節相輔相成，當各項工作執行得當，班級將能保持穩定，學生的學習也能更為順利。

然而，在教育現場中，突發情況難以避免，這時教師的專業應變能力與學校行政的支持顯得尤為重要。只有妥善處理這些問題，才能確保教學的順利進行。

◎事件67 不依課表上課，會影響考核嗎？66

建宏身為導師，但是在綜合活動課程時，數次被巡堂教師發現在抄寫聯絡簿、寫國語或數學作業等未依課表上課的情形，最後於年終考核時考核會決議為

第4條第1項第2款。

法院怎麼說？

《考核辦法》中規定的「按課表上課」、「教法優良」、「進度適宜」、「成績卓著」等要件是各自獨立的條件，**只要其中一項未達標**，就不應該適用第4條第1項第1款，學校在這方面並無裁量的權限。而「按課表上課」的要件則較為具體明確，教師若未依照課表授課，就構成違反規定，這與授課的次數或比例無關，無論違規的次數多少，只要有未依課表上課的情形，即可認定為違規。

《憲法》雖然保障中小學教師的教學專業自主權，但這並非完全基於教師個人的主觀自由，而是以學生的人格發展為前提。教師在實際教學中，對於課程編制、教學內容、教學方法及教學評量有一定的自由，但這些自由必須在課程大綱的框架內進行。教師不應偏離既定的教學主題，也不應從事與課程內容無關的活動。這樣的自由，應該是為了幫助學生更好的學習與成長，而非讓教師隨意偏離教育目標。

教育真心話

在教育現場，的確只有專任教師有較多機會能夠完全按照課程計劃書進行教學。身為導師的教師，除了班會課程外，也會在自己的教學課堂上處理班級事務，然後再回到課程教學，尤其當學校有重大活動時，這種情況更加普遍。因此，如果學校真的嚴格執行「按課表上課」的要求，很多導師可能都會因此被列入第4條第1項第2款，這樣的情況下，也只能合理推測，這些教師可能與行政單位的關係出現了一些問題。

※事件68 家長在社群軟體上產生爭執，該如何處理？

建宏被檢舉的事件源自班級學生家長之間在社群軟體上發生的言語衝突。建宏擔心這些對話會進一步惡化，因此私下撥打電話試圖安撫兩位家長，但並未達到預期效果，且當時沒有留下通話紀錄作為證明。事後，建宏邀請兩位家長到學校進行面談，希望能夠積極協調並處理此事。

調查小組調查後，認為建宏在社群軟體的溝通上，明顯有親師溝通不良且可歸責於教師的情況，因此建議學校依《教師法》對建宏進行輔導。唯依相關規定必須懲處建宏，後由校長依照《考核辦法》核予申誡1次的懲處。

申評會怎麼說？

建宏的處理方式並無不妥。考量到如果直接在班級群組中介入發言，家長可能會認為教師偏袒某一方，因此建宏選擇了私下與雙方家長溝通，並請他們冷靜，進行疏導與安撫，並邀請雙方家長到校面對面處理此事。此過程有教師提供的LINE截圖作為證明。此外，建宏基於善意成立了班級群組，作為親師溝通的管道，便於家長聯絡或提問。如果教師僅是未事先規範群組使用規則，或未能及時回應家長需求，卻因此受到學校的懲處，這樣的處置可能顯得過於苛刻，未必能夠完全反映教師的初衷和情況。

教育真心話

社群軟體的興起，雖然帶來了溝通上的便利，但同時也產生了許多負面效應。由於文字無法像語音一樣表達情感和語氣，同樣的一句話在社群軟體和面對面的溝通中，可能會有完全不同的解讀，容易造成誤會。此外，使用者的心態以及對社群軟體的定位也扮演了重要角色。過去一些過度濫用的情況，使得不少導師不願意建立家長群組（當然這並非所有教師的選擇）。但也有些使用者能夠理解教師建立群組的初衷，並且遵守規範，理性使用，這樣的情況能夠減少爭議，形成正向的發展。

換句話說，這些社群軟體其實是「工具」，目的在幫助教師和家長、教師和學生之間更便捷的進行溝通，應該被善加利用，而非被強制要求使用。就像在這個案件中，社群軟體的確有其局限性，當出現溝通問題時，最有效的方式還是面對面溝通，坐下來好好談，這才是最佳的解決管道。至於因為社群軟體使用不當而處置教師，這其實不必過於苛求，畢竟社群軟體的使用規則已經很清楚，但仍然會有人不遵守，這就需要我們在教育過程中，多加理解與寬容，而不是僅僅依照規定進行懲處。

輔導與管教學生是教師的基本義務，而輔導紀錄則能有效證明教師有進行相應的工作，並且能在必要時提供支持，讓教師的行為更具透明度。電話錄音雖然可以作為紀錄，但並非必要。更簡單的做法是，與家長通話後，可以用簡單的摘要記錄對話內容和過程。這樣一來，當日後發生爭議時，可以有依據來解釋與家長的溝通情況，這樣既不失效率，又能保障教師的權益。

◎事件69　早自修可以安排全班考試嗎？

「早自修到底可不可以考試？」這個問題一直以來都有很大的討論空間。從校園現場的情況來看，許多學科會利用早自修或午休時間進行測驗，主要原因是課程時數不足，教師不得不額外安排時間來應對考試需求。這種現象在升學壓力較大的國中尤其明顯。然而，這背後其實涉及一個更大的問題：如果學生在國中階段的學校考試成績不理想（雖然「好成績」的標準本身就有爭議），可能會影響學生對學校的選擇與意願。

此外，學校高層也可能因為整體成績表現，受到來自家長、社會或教育主管機關的壓力，進而對教師施加要求，強調測驗的重要性，甚至變相要求「一定要考試」。這樣的狀況形成了一種校園內的惡性循環──學生面對無止盡的測驗，教師因為課時不足而疲於應付，學校管理層則因成績評價而持續加壓。

結果導致考試變成了一種常態，而「早自修能不能考試」這個問題，也就變得更加複雜，牽涉的不只是規則，更是整體教育環境的結構性問題。不過，值得注意的是，法規強調的主要是「普遍且強制性的測驗安排」，而不是針對個案的補考情況。如果學生因請假缺席了測驗，教師在課後或早自修時間安排補考，這屬於個案處理，並不違反規定。

教學現場確實需要一定的彈性，才能兼顧公平性與學生的學習需求。

◎事件70　自行統一幫學生訂考卷合法嗎？

這個問題其實是許多教師關心的議題，甚至有老師私下問過我：「我們能不能幫學生訂考卷？」這個情況發生在某國中，原本是由教務處與國三導師協商後，統一向出版社訂購考卷並收費，但後來因為家長反對，學校決定將考卷訂購的責任轉回給教師，讓教師自行協助訂購並向學生收費。家長的壓力應該來自於不希望額外購買考卷，那麼我們可以思考：為什麼要統一訂考卷？在國高中階段，統一考卷確實較為方便，能確保測驗的公平性與基準一致，這點應該沒有問題。

但教育部公布的《國民中小學教學正常化實施要點》中提到「學校及教師不得要求學生購買參考書或測驗卷，並不得以參考書為教學內容，指定之家庭作業亦不得為參考書或測驗卷之內容。」

這代表無論是學校還是教師，都不得強制學生購買考卷或參考書，違反規定可能會面臨相關懲處。教育部的規範立意良好，目的是避免額外的經濟負擔與過度依賴測驗，從教育的角度來看，這樣的規定是合理的。

◎事件71　巡堂紀錄表上記載了我的缺失，憤而將其撕毀、丟棄！

建宏進入行政辦公室後，未經允許便在家豪的辦公坐位前翻閱、查看擺放在桌上的文件。當他發現家豪所製作並保管的班級巡堂及室內、室外整潔紀錄表中，記載著自己上課時未開窗通風及開放冷氣的內容，感到憤怒。一時情緒激動，便徒手撕毀這份巡堂紀錄表，並將其丟棄於垃圾桶。

法院怎麼說？

建宏所撕毀的巡堂紀錄表表面上僅為一張A4紙張，價值似乎微不足道，但對於負責製作紀錄表的家豪而言，這份文件是根據建宏對學生與授課教師上課互動、教室整潔與秩序狀況的觀察所製作，並可能作為日後考核建宏的參考依據。

從一般社會觀念來看，學校教師製作的巡堂紀錄表不僅能幫助學校主管掌握師生互動狀況，還能促進校園環境與秩序的改善，具有公益性質，並非毫無價值或僅屬輕微侵害。建宏因氣憤擅自撕毀家豪的巡堂紀錄表，不僅侵害了家豪對其財產的管領權，也影響學校對班級狀況的掌握。此行為並非社會所能容忍，應負起毀損罪的刑事責任。

◎事件72 教師於教學上的創作成果，權利到底屬於誰？

建宏有兩個不同的著作（創作）。著作A是建宏設計供該校使用「學校願景圖像」，且該圖樣所使用之LEADER字樣意涵，是利用學校課程規劃特色，應該屬於職務上完成之著作。著作B則為建宏在中小學數位學習深耕計畫之下，其為學校教學計劃製作著作B簡報頁面，同時是利用到國小課程規劃特色予以設計，應該屬於職務上完成之著作。之後，該校校長與教務主任為校務而利用著作A與B兩件，但建宏不滿而提起違反《著作權法》的刑事告訴。

法院怎麼說？

教師雖然提出教師與學校並非僱傭關係，但法院認為應該以雙方實質的權利義務關係來判斷，就教師的工作性質而言，教師在學校中係持續性任教，並非完成特定工作後雙方關係即行結束，教師每月固定從學校支領薪俸，教師與學校的法律關係，其性質與《民法》中所謂的「僱傭契約關係」顯然較為相近。

根據著作權法第11條[67]的規定，法院反推認為，除非建宏與學校之間另有約定，明確規定教師在「職務上」完成的著作應歸屬於學校（或教師）為「著作人」，否則依法律原則，建宏於「職務上」所創作的作品，無論是主動創作或因學校指派而完成，是否有額外報酬或津貼，是在學校工作時間內完成，或是下班後於家中完成，建宏仍為該作品的「著作人」，享有「著作人格權」。然而，學校則依法享有「著作財產權」，即學校可以運用該作品，但不得擅自變更作者的姓名或剝奪教師的署名。

學校依法擁有著作A、B的「著作財產權」，而校長與教務主任基於職務需求，使用並公開發表這些著作的行為，符合著作權法第15條第3項的規定。他們的使用方式，純粹是透過文字傳遞學校的正面訊息，並非為了個人營利，而是對外介紹與推廣學校的課程與特色，希望吸引更多資源與學生，進一步改善學童的學習環境。

這樣的行為與他們的行政職務息息相關，符合社會一般使用慣例，既未侵犯著作人的權益，也不會損害建宏的名譽。

教育真心話

著作權可分為「著作人格權」與「著作財產權」。常見的著作人格權，包括姓名表示權，即作品應標註創作者的姓名；而著作財產權則涉及創作人在財產與經濟上的權益。以漫畫為例，漫畫家的姓名屬於著作人格權，漫畫的內容則屬於著作財產權，而漫畫實體書籍則是所有權的範疇。

因此，當我們購買一本漫畫時，實際上擁有的是該書的所有權，而非漫畫的內容或漫畫家的姓名。如果我們私自大量影印漫畫並提供給他人觀看，便侵犯了漫畫家的著作財產權；若擅自將漫畫家的姓名更改為自己，則是侵犯了漫畫家的著作人格權。回到本案，法院認為，在僱傭關係下，教師於職務上所創作的內容，姓名標示權屬於教師，學校不得擅自更改。然而，創作後的成果（如簡報、教材等）的權利則歸屬於學校，學校在不更動教師姓名的前提下，可以加以運用。

◎事件73　我的孩子在隔壁班就讀，藉機提高該班的分數。

國文科教師建宏因學生家長陳情，指稱其在孝班的線上直播課中公開表示，曾針對仁班學生刻意出未教過的考題，且在國文科段考成績評分上有失公正，家長遂向學校及教育部反映。經學校召開校事會議調查後，認定該教師涉及三項不當行為，包括：在110學年度第2學期第2次段考中對其女兒（就讀孝班）評分過高，並在109學年度第1學期仁、孝兩班的平時成績評定上違反公平公正原則，影響學生受教權益；於孝班直播課程中公然表示曾利用命題機會對仁班學生進行「公報私仇」，破壞教師專業形象並損害教育人員聲譽；以及在考場監考時處理業務失當，並經查證有具體事實。

法院怎麼說？

教師應秉持公平公正的原則進行評分，否則將影響學生對自身學習狀況的正確認知，並使教師無法有效輔導學生適性學習。然經查，原告教師在評分及監考方面，存在多項爭議行為，影響學生權益。

首先，在110學年度國文段考中，原告教師於混合題中要求學生答案須限5字內，然其女兒作答超過字數限制，卻仍獲得滿分，顯有評分不公之嫌。此外，在109學年度第1學期，教師對孝班與仁班的國文平時總分評分方式不一致，甚至出現孝班學生獲得110分、112分等不合理高分，違反公平公正原則。其次，教師於孝班直播課時公開表示，於段考時刻意出學生不會作答的題目，是針對仁班學生，並稱此舉「完全成功」，已違反命題原則，損害教師專業形象，甚至引發媒體關注，影響教育人員聲譽。

此外，在監考時，教師發現學生考卷掉落，卻未即時歸還，直到下課前10多分鐘才發還，影響學生應考權益，處置顯然失當。

65 另外有因為課堂點名單、教室日誌、會議出席率以及B表等與教學相關的內容，年度考績被打第四條第一款的情況，但這些都不能夠成為學校對教師打年度成績考核的依據。相關判決可以參考高雄高等行政法院判決111年度訴字第32號、高雄高等行政法院判決高等行政訴訟庭第二庭111年度訴字第25號判決、高雄高等行政法院111年度訴字第320號判決、高雄高等行政法院111年度訴字第322號判決，以及教育部國教署113年09月30日的臺教國署人字第1130114391號函。

66 參考最高行政法院判決111年度上字第807號判決。另外，高雄高等行政法院111年度訴字第254號判決也提到相關想法，節錄一段供各位參考「揆諸上開規定可知，為落實教育正常發展，各級國民中小學應依國民中小學九年一貫課程綱要擬定課程計畫，教師應依課綱、課程計畫及課表授課，違反者即應依教師成績考核辦法等相關規定議處……惟依原告任教之302班教室日誌之記載，有關每週一表演藝術教學內容及進度，第1週至第3週為『自修』，其餘則為『閱讀』，明顯與上述課程計畫所載之教學期程不符。足認原告有未依課表到班授課之情事」。

67 著作權法第11條：第1項：受雇人（教師）於職務上完成之著作，以該受雇人（教師）為著作人。但契約約定以雇用人（學校）為著作人者，從其約定。第2項：依前項規定，以受雇人（教師）為著作人者，其著作財產權歸雇用人（學校）享有。但契約約定其著作財產權歸受雇人（教師）享有者，從其約定。第3項：前二項所稱受雇人，包括公務員。

貳 你不知道的請假與調課小細節

《教師請假規則》是依照教師法第35條第2項的授權而訂定之，其規定不同類別的假別以及其請假的標準。如果是進修，則另有《教師進修研究等專業發展辦法》作為申請的基準，當學校同意教師進修後再回頭依據《教師請假規則》來請公假或是留職停薪，這是法律適用的流程。而請假的同時，可能也會伴隨著調課或代課的情形，讓我們同時一起來看看這方面的法律問題。

◎事件74 未完成請假及調課程序，能離校處理事情嗎？

建宏打算以預約心理諮商為理由而請假一天，但是未完成請假與調課程序，兩個月後，建宏才發現他沒有完成請假程序，於是填具假單補請病假，但被學校以請假逾期退回後，登記建宏曠職一日。

法院怎麼說？

根據《教師請假規則》，除非教師因急病或緊急事故，否則不得委託他人代辦或補辦請假手續。在其他情況下，教師應在事前填寫假單，並經學校核准後方可離開學校。如未按照規定程序辦理請假手續，且於下班時間前離開學校，則應視為曠職。此外，根據學校出勤要點規定，教師除了依課程表授課外，還需處理校務、備課、批改作業、輔導學生等事宜。換言之，教師應在規定的出勤時間與地點內履行教學相關工作，如教師在出勤時間內離開學校，則應辦理請假手續。

教育真心話

根據《教師請假規則》或各校的出勤要點，教師理應在請假後才能離開學校，儘管某些學校因人力因素可能對門禁較為寬鬆，但這並不代表可以隨意離開而不經過請假程序。至於中午外出用餐，一般認為是合理範圍內的行為，符合日常需求。但在其他時間內，教師仍需遵守學校規定，並依規定辦理請假手續，這樣才能保障教學工作的順利進行，避免不必要的爭議。

◎事件75 學生畢業後，該學期尚未結束，我能出國旅遊嗎？

建宏是一位高三班導，計劃在學生畢業後出國旅遊，因為認為畢業後不再有課務安排，因此決定出國放鬆。然而，由於在出國前忙於照顧年邁雙親與工作繁忙，建宏不慎忘記事先辦理請假手續。出國後，他雖然想起需要請假的事情，但因身處偏遠地區，無法連接學校的差勤系統來辦理請假。雖然他在旅遊期間曾與人事室同仁電話聯繫，但對方並未明確提醒他必須立即完成請假手續，讓建宏誤以為可以等到回國後再補辦請假。

申評會怎麼說？

根據建宏的情況，儘管學期末教師可能已無需授課，但仍然負有處理校務與課程教學研究等責任。因此，仍應履行相關的職責並辦理請假手續，且建宏在三月已於社交媒體上分享了旅行計劃，顯示其有充裕的時間處理請假事宜，但仍未事先辦理請假，直到回國後才補辦、處理請假事宜。學校認為，建宏請假的理由是私人旅遊，且這類行程應該早已事先計劃，因此不符合《請假規則》所規定的「急病或緊急事故」情形，未予准假，並將該期間視為曠職。

教育真心話

學期期間能不能出國？

教師在學期中請假出國，必須依照相關規定提出申請。然而，申請並不代表一定會獲得批准，因為機關首長必須考量校務運作等因素，並擁有最終核准的權限。因此，簡單來說：教師可以申請請假出國，但不一定會獲得批准。

許多教師的疑問在於「出國到底需不需要獲得核准？」其實，我們的制度並沒有

「出國假」這個假別，如果教師要出國，應該申請事假或補休。機關首長的權限是審核事假或補休是否批准，而不是直接針對「出國」這件事表態。

當然，從學校運作的角度來看，學期中請假出國，可能會導致原本的教學工作需要由其他教師代勞，或是教師本人需自行負擔代課費用。這可能影響同事間的關係，或讓人覺得對校務運作配合度低，但這些問題屬於職場協調的範圍，並非法規所能規範。最後，要特別提醒的是，千萬不要以「病假」等其他假別來掩蓋出國的事實，這種做法不僅違反規定，也可能帶來後續的法律與誠信問題，務必誠實申請，避免不必要的風險。

◎事件76 調課單簽核後，我能擅自塗改嗎？

家豪因為建宏有調課需求，經雙方同意並簽名確認後，由建宏接替上課。然而，建宏後來發生遲到未到班監考的情況，學校在處理時才發現，張貼於辦公室的調課單遭人加註文字並塗改。經學校調查並調閱監視錄影畫面，確認該調課單是由建宏自行更改。教務主任認為，教師在調課單核章完成後仍擅自塗改，已影響學校行政作業的正常運作。因此，將該事件提交至學校教師成績考核委員會，最終決議對建宏處以申誡兩次的懲處。

申評會怎麼說？

按該校出勤要點規定「未經學校同意自行調代課者，以缺課論處；無故缺課者，除按曠職處理外，並須於規定時間內補授課程。」建宏已簽名確認調課，但事後私自塗改調課單，影響學校行政作業的正常運作。建宏主張自己在調課單上劃記已取消調課，因此期末考當天未到場監考，學校發現此情況後，立即通知建宏應到場監考，但仍遲到約15分鐘，導致該班學生的應試權益受損，處以申誡兩次的懲處於法有據。

教育真心話

調課與代課是校園中常見的情況，對學校而言，每節課、每個班級都必須有教師在班上，這是確保教學秩序的基本原則。因此，教師的義務就是按照學校排定的課表，準時到指定班級授課。當教師依規定完成調課申請後，就應當依照調課後的課表授課。既然調課有正式程序，那麼撤銷調課也應該依程序辦理，不能因個人好惡擅自更改。

學校作為行政機關，教師則屬於廣義公務員的一環，因此不僅學校需依法行政，教師也應當遵守法規，以免觸法。本案中，該教師因擅自塗改調課單，被學校依刑法第211條「變造公文書」提告，雖然最終獲不起訴處分（但無法查閱不起訴處分書），但這並不代表教師的行政責任就此消失。

希望各位教師能夠理解並遵守相關規範，確保校園行政運作順暢，也保障自身權益。

參 特別時期：寒暑假

對多數人來說，寒暑假是學校最特別的時期。根據現行規定，教師在寒暑假期間原則上不需到校，但如果學校確定必須返校的天數與日期（通常為2至7天），教師便有返校的義務。若無法出席，則應依照請假規則辦理。然而，這項規定在實務上衍生了一些法律上的討論與問題。以下我們透過幾個案例來分析其中的關鍵點。

※事件77　如果寒暑假不到校，需要付給他人代理導師費嗎？

寒暑假期間，部分教師仍可能需要返校，最常見的情況包括班級打掃、新生訓練或共備日。其中，班級打掃與新生訓練這兩項較常引發討論。通常，這類活動大多由導師自願到校陪同學生，但並非法定強制出席的時間。因此，當原班導師因個人行程無法到校時，是否應自行負擔費用聘請代理導師？這點在某些學校引發爭議。

某校曾在校務會議中決議：寒暑假期間，若導師無法到校並需要請代理導師代班，則原班導師須自行支付該代理導師1000元的補助費。然而，從法規層面來看，這樣的決議超出了法規範圍，額外增加了教師原本不需負擔的責任。現行規定中，請假僅區分不同假別，並無特別針對寒暑假做額外規範，因此應適用相同的請假規定，而非額外收費。

然而，校務會議的考量可能來自於人情因素。學校可能認為寒暑假期間返校較為不便，因此希望降低導師請假、麻煩其他教師代班的情況。同時，也可能是出於對願意協助導師事務的教師提供額外補助的考量。但這樣的思維屬於情感層面，而非法規層面。實際上，若導師在校內人際關係良好，可能會有同事願意主動幫忙；反之，若人緣較差，則可能較難找到願意協助的教師。然而，這些都是人際關係的影響，而不應與法規混為一談。

※事件78　寒暑假或第八節課，師生都一定要上輔導課嗎？

寒暑假課輔與第八節輔導課，或許可以說是臺灣教育界長年以來的「共業」。到底應不應該上？需不需要上？這是一個沒有標準答案的問題，因此往往成為行政單位與教師之間的爭議點。我相信，確實有學生需要這些輔導課，但同時也有學生不需要。

根據相關函釋[68]，寒暑假期間的課業輔導，應建立在「學生自願參加」與「徵詢教師授課意願」的前提下。因此，這類課程並不屬於全體教師普遍適用的「返校服務」或「研究進修」項目，也不計入教師必須返校的天數。換句話說，若教師在寒暑假期間沒有授課，則不適用教師請假規則第15條的規定，也無須另行請假。

問題的關鍵在於，如何在沒有外在壓力的情況下，在「需要」與「不需要」之間找到雙方都能接受的共識？考驗著行政單位與教師之間的默契與溝通。設法平衡學生需求與教師權益，或許才是這場討論的真正核心。其實，我相信有些教師是願意協助開設輔導課的，無論原因為何。但既然教育部已經賦予教師選擇的空間，就不應讓這個選擇權「被消失」。許多問題其實可以透過一句話、一場對話，甚至是一個簡單的關懷來解決。相較之下，若採取強制性的做法，反而可能成為校園不和諧的真正根源。

◎事件79　寒暑假期間的校園活動，我沒兼行政職也要出席嗎？

原訂於民國110年2月18日開學的高級中等以下學校，因應疫情考量及校園環境消毒，衛福部指揮中心於110年2月3日記者會宣布，將開學日延後至

2月22日。隨後，校長於2月9日發出通令，要求各班導師於2月19日返校協助環境整理，並提供3小時的補休作為補償。然而，2月17日，校長進一步裁示將2月19日改為「全校教師應到校日」，並於2月24日的校務會議中追認此決定。建宏並未於2月19日返校參與清潔日，也未依規定辦理請假，最終學校依職權登記該教師「曠職3小時」。

法院怎麼說？

根據《教師請假規則》，教師在「返校服務、進修研究等專業發展活動」以及「配合災害防救所需之日」，確實有到校的義務。若無法配合，應依規定辦理請假。同時，該規則明文規定，違反出勤義務者可依法登記曠職。

曠職的法律定義為負有出勤義務者未出勤或未持續出勤。然而，出勤義務本身必須明確。如2月19日教師確實負有出勤義務，則不應視為加班；若無此義務，則當日到校的教師可獲得加班補休，兩者應有所區別。最初，學校以訊息通知教師2月19日返校可獲3小時補休，顯示學校視該日為「加班」。然而，事後又於校務會議中追認該日為「全校應到校日」，並將其列入寒假行事曆，這使得該日的性質產生矛盾。其次，學校在登記教師曠職時，仍維持對2月19日出勤教師給予加班補休，顯示當時學校尚未明確界定該日是否為「應出勤日」。這種不一致的行政作業，使受通知的教師難以判斷當日是否確實負有出勤義務。

由於學校在作成曠職登記時，對2月19日是否負有出勤義務的界定並不明確，因此該曠職處分不符合合法性要求，應予撤銷。

教育真心話

寒暑假期間，教師「可以」選擇不到校，唯獨學校可依規定要求教師在2至7天內返校辦理相關事務。若學校已確定教師須於這幾天內返校，教師若無法到校，便應依請假規則辦理，否則將視為曠職。然而，若超過這7天的強制出勤範圍，或如本案中學校最初通知提供加班補休，則教師並無法定到校義務，自然也不應被認定為曠職。

至於緊急狀況下要求教師返校，學校必須明確說明返校理由，避免發生類似本案的模糊地帶，導致教師對自身權利義務產生誤解，進而引發爭議。因此，建議行政單位在規劃寒暑假教師返校事宜時，應事先確認計畫，若因緊急狀況需臨時調整，也應清楚定義返校事由，確保相關規定合理且明確，避免未來發生爭議。

68 參考教育部100年6月2日臺國（四）字第1000095412號函以及教育部101年5月28日臺人（二）字第1010092842號函。

肆 到底能不能兼職？

自112年7月起，初任教師的退休金制度改為「確定提撥制」。至於112年7月前已在職的教師，雖然仍適用舊制，但隨著「少領多繳」與「延後退休」的趨勢，不僅退休年齡往後延，連每月退休金也比過去減少。這讓許多教師開始思考：能不能兼職增加收入呢？

教育部擬定了兩個辦法《國立各級學校兼任行政職務教師兼職處理辦法》以及《公立各級學校專任教師兼職處理原則》來規範教師的兼職範圍與程序等問題，適度放寬教師的兼職規定，讓教師得以自己的專業在不影響本職的情況下，獲取一定程度的報酬。

除了特定範圍的兼職可以不用申請外[69]，其餘都必須經過學校同意才能兼職[70]。我們來看看以下兩個例子。

◎事件80　在非營利單位兼任董事，期滿前應重新申請。

建宏曾向學校申請兼任財團法人基金會的第3屆董事，並經核准。然而，該教師後來遭人檢舉涉嫌違法兼職。經學校調查發現，該教師在續任第4屆及第5屆董事時，並未重新向學校申請並獲核准，卻仍繼續兼職，最終，學校考核會決議，對該教師予以申誡1次之懲處。建宏表示，雖然基金會依法定期召開董事會，但實際上會議以交流聯誼為主，並未進行實質表決。此外，也認為自己是受非營利基金會之邀請擔任董事，所兼任的職務並非決策或執行業務，且未支領任何報酬或對價，因此無須向學校申請核准。

法院怎麼說？

但經查證後教師有出席基金會第4屆、第5屆歷次董事會，就各項業務討論表決，包括推選董事長、審核年度工作報告、財產清冊、業務自我檢查表、經費收支決算表、年度工作計畫書暨經費收支預算表、資產負債表、改選次屆董事等事項，以及修訂捐助章程、依規定建立會計制度等，即說明教師在擔任基金會董事期間確實有以董事身分執行董事職務。因此，懲處依法有據。

◎事件81　在營利單位兼職授課，期滿前也必須重新申請核准。

建宏被學校查知在外拍攝國中及高一、高二的網路課程，並由商業公司於網頁上販售該課程供他人購買。經校內討論後，學校決議對該教師記過一次。

法院怎麼說？

建宏與商業公司簽訂課程錄製契約，雖然已經於101年結束，但是雙方契約沒有約定結束期間，因此一直到111年，建宏仍有版稅收入。由此可知建宏自始即無限期同意以網路課程銷售的方式，作為履行聘任契約書約定行為的一部分，等於持續從事兼職行為。依據相關辦法，建宏並無事先報請學校書面核准，而是持續擅自兼職，因此屬於違規行為。

此外，與建宏合作的商業事業，在網站銷售課程時，以「現任XXX教師」作為師資說明。此舉可能對學校的形象、名譽及尊嚴產生不良影響，因此與教師的本職工作不相容。此外，該行為並非屬社會公益性質，亦非偶發性或短期性工作，也不符合個人才藝表現的定義，因此記過一次實屬於法有據。

教育真心話

各項教師兼職辦法都會明確列出可兼職且無需申請的項目。除此之外，無論受聘單位是非營利組織還是營利機構，都必須事先向學校申請並獲得核准。此外，如果兼職期間超過原核准期限，也務必要重新申請，以免違規。千萬別因為一時疏忽而讓自己陷入麻煩！

69 例如非常態性應邀演講或授課，且分享或發表內容未具營利目的或商業宣傳行為；擔任各級公私立學校學生家長會職務；依公寓大廈管理條例所定住戶身分擔任管理委員會職務或管理負責人；編輯教科用書、教師用書或教師手冊之出版組織；下班後的個人才藝表現、智慧財產權的授權等項目，也是不用申請的。其餘的還是要申請與注意。

70 一定不行的兼職是經營商號，或是擔任商業負責人，或依其他法令擔任以營利為目的之事業負責人、董事、監察人的情況。

伍 如何正確執行通報的義務？

「到底該不該通報？」這個問題困擾了許多教師，也延伸出一連串的疑問：應該在什麼時間點通報？何時算是「知悉」？知悉後應該通知誰？

從制度設計的角度來看，通報機制的目的就是希望能在第一時間介入處理，防止事態擴大，確保問題能在可控範圍內及早解決。因此，法規賦予教育現場的教職員工通報義務，若未履行該義務，則可能面臨相應的懲處。其中，最嚴重的情況可能涉及教師法第14條第1項第8款、第11款或第15條第1項第5款的規定。

但話說回來，最保險的方法是：請學生別跟我們說悄悄話！因為一旦聽見了，有時候就得通報了！

◎事件82　未即時通報校園事件，會怎樣嗎？

建宏所任教的國小曾發生疑似校園性騷擾事件，但當時未即時通報。直到

109年，該名學生升上國中後，才向國中反映此事，國中隨後將事件轉交國小處理，國小這才進行正式通報。事後，縣政府性平會根據國小的校安通報調查報告進行審查，並作出決議：認定教師知悉該性平事件後，未能在24小時內通報，通報時間嚴重延遲，對建宏處以新臺幣三萬元罰鍰。

法院怎麼說？

通報的目的，是讓學校及主管機關能夠及時掌握校園性別事件，並迅速採取適當措施，確保問題不會擴大。根據規定，教師在知悉疑似校園性別事件後，必須在24小時內向學校及當地主管機關通報。值得注意的是，通報的要件並不是要求教師自行調查並確認事件是否屬實，而是只要事件有「疑似」的可能性，就應該通報。「疑似」的意思是可能發生，但尚未確定，教師的職責並非認定事實，而是確保相關單位能夠介入處理。因此延誤通報被裁罰應屬有據。

教育真心話

在這類案件中，教師的「通報義務」是一種必須履行的作為義務，也就是說，在教師真正通報之前，違法狀態都未結束，只有在教師完成通報（或獲得免除通報義務）後，違法行為才算結束。因此，無論經過多少年，只要後來被發現未通報，都可以依照相關法規處以罰鍰。

同時，建宏在本案中，除了被裁罰外，也被要求在收到調查結果後的三個月內，完成至少6小時的性別平等教育課程及至少2小時的法治教育課程，並提交研習證明或相關資料，以提升其對性別平等的認知。法院的判決認為，研習課程並非處罰，而是一種教育性措施，目的是幫助教師增進性別平等知能，這項要求與罰鍰處分是獨立的，不構成重複處罰，也就是說，教師仍然必須完成相關研習課程。

雖然建宏未依規定通報，但幸運的是後續並未發生類似事件，因此僅面臨罰鍰處分與教育訓練。然而，如果未通報的事件之後再次發生，將不僅是罰款，而可能影響教師的未來職業生涯[71]。因此，務必在知悉疑似性平事件後24小時內通報，以避免不必要的法律風險。

◎事件83 通報對象錯誤，會怎樣嗎？

導師在得知班上高關懷學生有自傷行為後，未依規定立即通報學校負責校安通報的相關人員，而是先通知其他行政處室的組長，導致學校未能及時進行校安通報。這樣的處理方式違反了校園安全及災害事件通報作業要點。

雖然主管機關在調查後糾正學校並對該導師進行考核，但考核會議決定不予懲處。然而，主管機關仍直接對導師做出申誡處分。導師隨後提出申訴，結果申誡被撤銷。對此，主管機關不服申訴結果，進一步提出再申訴。

申評會怎麼說？

根據校園安全及災害事件通報作業要點第8點規定，當學校人員知悉涉及校安通報的事件時，應以口頭或書面方式通知學校負責受理的單位，或在法定時間內直接向主管教育行政機關通報。其中，學生自殺或自傷屬於應通報的事件，且通報時限為知悉後24小時內，須在校安通報網上完成通報。

然而，導師在得知這些事件後，未於24小時內以口頭或書面方式通知負責校安通報的學務處生教組長，違反了通報作業要點的相關規定。導師主張其不知道應該向誰通報，但事實上學校每年均會辦理兒童及少年權益保護、性侵害及性騷擾防治、性霸凌防制等相關宣導與責任通報研習，導師皆有參與。因此，原中誡懲處於法有據。

教育真心話

「遇到疑似案件就先通報」的概念應已深植於教師心中。然而，通報時務必選擇正確的對象。在國小、國中、高中，校安通報應由學務處的生教組或生輔組負責，而非其他行政單位。請各位教師務必謹記，以確保通報流程符合規定，保障學生安全，以及自己的權益。

71 附上因為沒有通報致再度發生而被解聘的真實案例案號：最高行政法院判決109年度上字第1183號、臺北高等行政法院109年度訴字第218號判決。

陸 教師應負不在場責任嗎？

最後，我們要探討的主題是教師的「不在場責任」，首先討論掃區問題，再討論遊戲區的問題。首先作為導師，難免會被分派到不同的掃區，包括內掃、外掃，甚至是距離較遠的掃區。那麼，導師應該如何巡視掃區，以確保學生能夠遵守規範並落實生活教育呢？接下來，我們要思考另一個問題：如果在導師尚未抵達掃區巡視前，或是在巡視後，前往其他區域時，學生因玩鬧而受傷，該怎麼辦？導師又該負擔什麼責任？為了釐清這類情境中的法律責任，讓我們透過以下的判決，看看法院如何看待這類事件。

◎事件84 學生在我巡過的掃區打鬧，出事了我該負責嗎？

志豪與冠宇兩人在學校打掃時間於外掃區進行清掃。志豪拿起地上的球投向冠宇，而冠宇以竹掃把揮擊。冠宇在第一次揮擊時，掃把頭便脫離掃把柄飛出，但隨即重新將掃把頭與掃把柄接合，但此時志豪再次投球，冠宇未握緊掃把便揮擊導致掃把柄飛出並擊中志豪左眼，造成嚴重傷害。事後，志豪與其家長除了向冠宇請求損害賠償外，也認為該班導師建宏負責巡查該外掃區域，卻未在場監督，對學生疏於保護與管教，才導致這起不幸事故。因此，他們進一步請求學校承擔國家賠償責任。

第一審法院怎麼說？

依據相關規定與建宏自己的陳述，可證明建宏在學生打掃期間確實負有巡視與督導的義務。針對學生揮舞掃把嬉戲的行為，由於涉及人身安全，建宏並無權自行裁量是否予以阻止，而應積極介入。若建宏平時已確實教育志豪與冠宇不得以掃把揮擊，或對兩人品行有所掌握並進行適當輔導，則本案事故或許可以避免。然而，建宏未能事先防範兩人以掃把擊球嬉戲，已構成職務怠惰使志豪因而遭受損害。因此，該建宏所屬的國中應承擔國家賠償責任。

第二審法院怎麼說？

首先是法院經調查後發現，建宏在事故發生前的平日，確實有至外掃區巡查，並已指導學生如何正確使用掃把，提醒不得拿掃把嬉戲。當發現學生以掃把比武或玩耍時，導師也曾立即制止。這些事實均有建宏與學生證詞佐證。由此可見，建宏平時已落實指導並告誡學生勿以掃具打鬧，因此志豪與家長所稱導師怠於提醒、制止的指控，難以成立。

二者，雖然《教師法》明定教師的職責，但該法並未明確規範教師在何種情況下，必須親自在場監督學生，亦無其他法令對此有具體規定，顯示該職務義務的範圍仍有彈性。導師的義務，除了應依相關法令規範外，也應根據個案具體情境[72]來判斷。並非擔任國中導師，就必須在打掃時間全程在場監督。教師可以根據學生活動的危險性高低，決定是否全程留守，這屬於教師的合理裁量權。如果要求教師隨時隨地監督所有學生的活動，並讓學校對學生在表定課程內的所有意外事故負責，顯然會對學校施加過重的義務。

三者，教師是否應全程在場，應依活動的危險性來決定。外掃區打掃並非高危險性活動，與游泳、機械操作、化學實驗等高風險活動不同，因此教師的監督義務應有不同程度的要求。當日事故發生時，導師因擔任其他班級的監考老師，在考試結束後需收卷並繳回教務處，之後回到班級內掃區處理垃圾分類，最後才準備前往外掃區巡視。這是導師基於工作動線的考量，將客觀上不具特別危險性的外掃區列為最後巡視地點，因此難以認定導師有怠於職務的情形。

四者，本案事故發生的直接原因，是志豪與冠宇於打掃期間，撿到棒球後用掃把當球棒揮擊，而非正常打掃行為導致受傷，這屬於偶發突發事件，與志豪與冠宇的道德或人格發展無涉，也無法直接歸責於建宏的疏失。此外，志豪與冠宇均為國中一年級學生，應有基本認知與能力理解掃把的正確使用方式，並知悉誤用掃具可能產生的危險。然而，他們仍自行將掃把用作球棒揮擊，建宏無從預測這一突發行為，更難以提前防範。

綜上所述，建宏已依職責提醒與制止學生嬉戲，並依據合理工作動線巡查掃區，且事故發生乃學生突發行為所致。因此，建宏未違反監督義務，學校亦無須負國家賠償責任。

教育真心話

確實，二審的判決對教師來說更具現實考量，畢竟沒有人能分身，學校的掃區範圍又大，教師不可能無時無刻都在每個地方監督。這個判決不僅合理化教師的監督責任，也提供了明確的裁量標準，讓教師可以依據學生的行為表現、活動風險、場所特性來決定是否需全程在場，而不是一廂情願的認為「導師必須隨時監督」。這不僅是對教師專業的尊重，也能避免過度苛責，讓教師在輔導與管理學生時能有更合理的空間。這個標準真的很重要，希望未來類似的爭議可以依循這個判斷標準，減少教師們的困擾！

但這個判決並不是在幫教師「免責」，而是強調合理的監督義務。教師仍然要巡視掃區，不能完全不去，也不能不做任何宣導或管理。如果導師從來不去巡視、從未提醒學生掃具的正確使用方法，那這個判決就不會變成護身符，反而可能成為反證，顯示導師確實怠於職守。所以，這個標準的核心在於「合理的裁量與行動」——教師盡到提醒、巡視的責任，但無法預測或即時阻止突發事件，這才是合理的判斷依據。而不是說，教師可以完全不管掃區的學生，這樣的話，責任還是會回到教師身上！

◎事件85 下課時，學生玩鞦韆不慎受傷，我該負責嗎？

承恩在學校的遊樂區玩鞦韆時抓著鞦韆左側的吊索，幫助坐在鞦韆上的子晴前後擺盪。此時，宥廷想要爭搶推拉鞦韆的機會而與承恩發生拉扯。由於擺盪的力量影響，承恩的身體被帶往鞦韆前方的擺盪範圍內，結果被正在盪鞦韆的子晴撞上，重摔在地，導致左腿股骨幹嚴重骨折，隨即被送往醫院治療。

承恩的家長認為，學校當時沒有任何老師在場提醒或勸導學生注意安全，也沒有安排校園安全巡視人員，以致於無法及時糾正學生的不當行為。此外，學校並未在鞦韆旁設置警示標誌、標示擺盪範圍、制定遊戲規則，甚至地面也沒有鋪設防護墊等安全設施。因此，家長認為學校未盡安全管理責任，導致這起意外發生，並向學校提出國家賠償的請求。

法院怎麼說？

學校在遊樂設施安全方面已經採取了必要措施。首先，鞦韆下方的地面已通過專業檢驗，符合國家標準的彈性鋪面，確保落地時能減少傷害風險。此外，政府規範並未強制要求標示「擺盪空間」，而是需要提供使用須知並保持擺盪範圍無障礙物。從學校現場照片可見，鞦韆支柱上已張貼公告，提醒使用人數上限與重量限制，對向牆面也設有遊戲場使用須知，學校已依規定進行安全標示與宣導。

至於教師是否需要隨時在場監督，考量全國各級學校的師資配置，要求教師在短暫下課時間內，駐守所有遊樂設施並監管學生行為，並不切實際。校內潛在危險的地點不僅限於遊樂場，還包括操場、廁所等處，因此學校已透過課堂教學、晨會及線上朝會等方式，反覆提醒學生正確使用鞦韆，這已經符合安全教育的基本要求。此外，學校雖然設有校園安全巡邏小組，但事發當下，整起事故僅發生短短數秒，即使有人員巡邏，也未必能及時阻止意外發生，因此難以認定學校存在管理疏失。

最後，承恩於事故發生時已年滿6歲10個月，並非法律規定須特別保護的幼童。學校與教師確實有維護學生安全的責任，但這並不代表學生必須在任何時刻都受到全天候監管。教師除須照顧班級學生，還需準備課程與處理行政事務，不可能隨時在場看顧每位學生。因此，即便承恩在下課期間獨自使用遊樂設施，也不能認定學校或教師有過失。

綜合來看，學校已經依照規定設置安全設備、進行宣導，並在管理範圍內做出合理安排，已盡到應有的責任。

---

72 例如：可以依據個案，審酌班級學生平日表現狀況、活動場所、活動本身危害之程度、教師工作屬性及負擔的可能性等，具體衡量是否應負在場之作為義務。

柒 結語

本篇文章的重點在於幫助教師了解自己的權利與義務，特別是在進修、請假、代調課、兼職，以及是否需要「隨時陪伴」學生等方面提供清楚的概念。希望透過這樣的整理，讓教師們在面對外界質疑時，能夠依循合法的依據，減少不必要的困擾與壓力，確保自身的專業權益不受侵害。

本篇重點法條

《公立高級中等以下學校教師成績考核辦法》：第4條、第6條
《公立各級學校專任教師兼職處理原則》
《國立各級學校兼任行政職務教師兼職處理辦法》
《國民小學及國民中學正常教學督導辦法》
《教育部主管高級中等學校學生在校作息時間規劃注意事項》
《教師請假規則》

第九篇

校園內的行政程序注意事項

「擁有權力的人，不該讓權力成為服務個人的工具，我們終究會離開那個的位置，但留給這座城市什麼，都只在一念之間。」

——新竹市前市長林智堅

這段話裡的「城市」可以替換成任何一個你想要替換的名詞，如公司、單位、學校或機關等，都可以。這是一種風範，也是一種負責任的態度，一棒接一棒的讓你所在的地方，越來越符合它可以，或應該變成的樣子。

我們將在本篇中，了解學校行政在為行政事務時應該注意的相關法律事項，但法律問題是看不到人心的，請各位謹記，希望教師與行政間互相善待。在校園中，有兩個對教師權益影響深遠的重要會議，教師評審委員會（簡稱「教評會」）與教師成績考核委員會（簡稱「考核會」）。教評會主要負責審議教師的停聘、解聘及不續聘等事項；而考核會則負責教師的平時考核與年終考核。除了法定成員外，其餘委員皆由校內教師透過投票互選產生，確保決策的公平性與代表性。

這兩個會議的決議，對教師的職涯發展與權益影響深遠，因此，我們來看看相關的會議程序可以討論的法律問題。此篇的目的是希望行政單位與教師們，能多加了解程序，以避免日後的爭議。

壹 教師評審委員會應注意哪些事項？

※事件86　教評會未查證當事人有利及不利的情形即做決議

教師原係學校聘任的專任教練，後學校召開教練評審委員會第3次會議，經教評會開會討論，認定教練有解聘事實，決議解聘。

法院怎麼說？

根據教評會的會議紀錄，對於教練的評價主要聚焦於「專項術科訓練及培訓不力」與「球隊經營管理欠佳」，這些情節頂多符合聘任管理辦法中的培訓不力，或應處以申誡、記過、記大過的標準。然而，學校卻將這些事由直接認定為「違反教育法令，情節重大」，顯然過度擴張解釋。

此外，人事單位僅提供第4款「培訓不力，有具體事實」及第5款「違反教育法令或聘約，情節重大」兩項依據，但教評會未進一步審查教練的行為是否真正符合這些條件，亦未考量可能有利於教練的事實或條款，違反行政程序法第9條「行政機關應一律注意當事人有利及不利情形」的原則。因此，法院認為教評會決議程序有瑕疵，應撤銷學校對教練的解聘處分。

※事件87　教評會的表決過程怎麼進行才合理？

學校就建宏涉及的不當管教行為，前後總共召開5次教評會。最初，教評會認定該教師未違反《教師法》相關條款，僅建議其參加研習。然而，因家長持續陳情，國教署介入調查，要求學校重新召開會議，隨後的教評會認定該教師違反聘約，並進入輔導期。

第3次教評會原應依調查報告審議，但在未充分說明教師違規事實的情況下，直接決議停聘1年半。第4次會議則在未經復議程序的情況下，經過多次投票才勉強通過不續聘及1年內不得聘任的決議。第5次會議更為嚴重，原本第一輪投票未通過解聘，但校長強調教育部與國教署意見後，直接進行第二輪投票，最終通過解聘並限制2年內不得受聘。

法院怎麼說？

學校的教師評審委員會（教評會）負責決定教師的初聘、續聘及長期聘任，這些決議一經通過，即具備法律效力，校長無權否決，也不需主管教育機關核准。然而，當教評會決議解聘、停聘或不續聘教師時，則須經主管機關核准才能生效，這項制度旨在防止不當排擠，確保教師的教學自由與工作權不受侵犯。

教評會的決議對內應具約束力，若無適當的法律程序，不得任意召開新會議推翻原決議，否則將使教評會淪為特定人士操控的工具，違反其自主管理精神與法定職責。若決議後發現違法情事，或有新事實、新證據，應先撤銷原決議，再行審議，而非直接重啟表決，否則即屬違反正當法律程序。

本案中，第2次教評會已決議教師未違反教師法第14條第1項第13款，但第3次教評會卻未經復議程序，即重新認定違規，此舉明顯違法。第4、5次教評會雖有復議程序，但未具重新審議的必要性，僅因主管機關指示重啟表決，且在主席勸說下再次投票，亦屬違反正當法律程序，無法讓第3次會議的瑕疵程序合法化。因此，學校最終依據程序違法的教評會決議解聘教師，此舉不具法律效力，法院依法得以撤銷該決定。

教育真心話 73

教評會負責決定教師的聘任與否，影響其工作權與未來任教資格，影響範圍廣泛。法院實務上，只要決議不違法，通常予以尊重，審查重點分為實質事實判斷（決議內容是否錯誤）與決議程序判斷（決議過程是否合法）。由於法院尊重教評會的專業判斷，較少因事實認定撤銷決議，但若程序違法，即使決議內容合理，仍可能被撤銷。因此，確保決議程序正當性是教評會運作的關鍵 74。

※事件88　教師被暫時停聘時，不得行使教評會及考核會職權。

教評委員、考績委員的職權行使，本部112年7月12日臺教法（三）字第1120058295號函說明當教師發生終局、暫時、當然停聘時，基於教師聘約所取得之權利義務關係皆被限制（如教師法第30條第2款規定，此類教師不得申請介聘等），未實際執行教師工作。

因為已經被暫時停聘之教師，其教師職權行使既受到限制，未實際執行教師工作，亦已暫時離開教育現場，於暫時停聘期間自不得行使教評會及考核會委員之職權。是以，教師於暫時停聘期間即不應擔任教評會或考核會委員。

那麼，「暫時停聘」（第22條1項、2項）期間要不要換替補委員？

暫時停聘依據教師法第22條規定是為「調查」而暫時停聘，完成調查後如果「沒有」後續要處置（例如：解聘、終局停聘之類），按規定是可以回校教書，屆時教師職權行使即回復。教評會設置辦法第3條第4項提到「委員因故不能擔任時依序遞補之……」，我個人認為這邊應該要做「限縮解釋」而只有在教評委員真的無法執行職務（例如終局停聘18條、當然停聘21條、解聘14、15、16條）才需要遞補。

如果是當然委員的部分（教師會、家長會），可建議兩會是否要更換代表（因為是會的代表，不是個人）。而如果是票選的教評委員，我個人是維持上面的看法。

73 特別說明，學校教評會並未另行制定相關會議規範或議事規則的情況下，都會用內政部制定的會議規範當參考。而最高行政法院１１１年度上字第８８８號判決則認為，教評會的決議方式不因學年度不同而改變，若要變更原不予解聘的決議，應確保遵循與原決議相當的民主與正當程序，而非僅限於同次會議或同一學年度的下次會議。此外，因教評委員任期僅一年，若主管機關調查後才要求復議，而委員已更換，嚴格適用「須在同次會或同一會期下次會」才能復議的規範，將使變更決議變得不可能，特別是歷經多年爭訟的案件更無法適用。若堅持此規定，恐違背《教師法》保障學生權益與完善不適任教師處理機制的立法精神。

74 內政部會議規範的「再」思考：以往判決大致上都認定主管機關發回學校時，應該要行「復議」將原本已經決議的處分予以撤銷後再做出新的決議。但是本案法院採取另一種見解，說明如下：學校教評會對於教師不適任案所為之決議，經教育行政主管機關認有違法情事，要求再議者，此等基於法治國原則所導出之合法性監督措施本身，即足以作為學校教評會重啟決議程序之正當事由；學校教評會據以重為決議，程序並無瑕疵可指。教育行政主管機關若無明確指示，學校教評會優先採行「審議程序」，重新進行議案之審議與決議，亦無違法可指（參詹鎮榮（２０２５）。〈學校重為教師解聘決議之正當程序〉。《新學林法學》，第7期，頁59、62）。被告學校召開第1次教評會，決議停聘1年後；報經主管機關教育局發函函交回重行檢討，該函並無明確指示要採行審議或復議程序，依照上開說明，被告學校召開第2次教評會，審議原告違反教師法第18條第1項事件，並作成決議，程序並無違誤。參考高雄高等行政法院１１３年度訴字第４１１號判決。

貳 教師成績考核委員會如何依法運作？

教師成績考核委員會（簡稱考核會）是學校內另一個重要會議，通常每年召開一次，負責教師的平時與年終考核。考核結果不僅影響教師晉級與考績獎金，也關係到教師的行為表現是否符合表率標準，進而決定是否給予獎勵或懲處，對教師權益影響深遠。因此，確保考核會依法運作至關重要。接下來，我們來看看幾個具體案例。

※事件89　法院原則上高度尊重學校考核會的決議

功能最適理論認為，國家應根據各機關的特性，讓最適合的機關負責相應的事務，以確保決策的正確性。以教師考核為例，教師的教學表現、輔導管教成效、工作態度、品德操守及行政協作等，均屬教育專業範疇，而最了解教師實際表現的人，正是學校單位主管或校長。因此，教師的學年度考績由學校主管或校長進行初步審查，再交由專業教育人員組成的成績考核委員會審核，這樣的制度符合功能最適理論，確保考核結果公平、專業且具公信力。

因此，行政法院對公立學校教師的年終考績審查，會尊重考核委員會的專業判斷，給予一定的決策空間，但這並不代表學校的決定就不受監督。如果考核過程違反法定程序、基於錯誤事實、逾越權限、違反一般價值判斷標準，或有濫用權力的情況，法院仍可介入審查並撤銷不當決定。因此，學校的專業判斷並非完全不受限制，而是必須符合相關法規與程序，法院才會予以尊重。

※事件90　學期中可以因教師會解散而全面改選考核會委員嗎？

由於學校教師會未依《人民團體法》召開法定會議，導致會務停擺超過一年，主管機關依法予以解散。因為教師會被解散，原本派任在考核會的考績委員資格也隨之喪失。為此，學校同步解散原考績委員會，並由全校教師重新投票選舉新任委員，重組考績會以繼續審議相關事項。

法院怎麼說？

《教師成績考核辦法》的相關規定就是確保考核會委員的資格與任期受法律保障，目的是讓委員能夠中立行使職權，並維持考核會的透明性與穩定性，以確保教師考核的公正性。因此，即便有個別委員因故出缺，影響的僅是該委員的遞補問題，其他委員的資格與任期並不會因此變動。

當學校已成立教師會並派代表參與考核會後，若教師會因故解散，則該代表的委員資格應先解除，待教師會重新成立後，再指派新代表參與考核會，否則將影響考核會的適法性。然而，這並不影響其餘委員的資格與任期，也不會阻礙考核會的正常運作。因此，學校僅因當然委員1人出缺而全面改選考核會，導致組織不合法，依此不合法組織所作出的決定，應被視為有瑕疵並予以撤銷。

※事件91 開會時，票數算清楚才算數！

學校收到陳情，指稱建宏可能有教學不力或無法勝任工作的情形。經校內校園事件處理會議討論後，決議成立調查小組進行調查，並提交調查報告。根據調查結果認定建宏確實有不當教學行為及班級管理不佳的問題，例如：言語羞辱學生、體罰學生、未依評分標準進行評分，以及經常在課堂上播放與教學無關的影片。因此，學校將此案送交考核會進行懲處，並依法進行投票，但建宏除對於懲處內容與考核會的投票結果有疑議，並因此提起申訴。

申評會怎麼說？

依考核辦法第10條第1項規定「考核會會議時，須有全體委員二分之一以上出席，出席委員過半數之同意，方得為決議……」，經申評調查學校考核會紀錄「決議：經出席委員5人表決，同意票數3票、不同意票數2票」，但是學校考核會出席委員含主席計6人，至少應有「4票」以上同意，始符合考核辦法第10條規定，故學校考核會決議予以申誡有程序上錯誤，故申誡處分予以撤銷。

※事件92　校長或教育主管機關可以更改核定考核會的結果嗎？

●實例1　改核不成功

學校接獲家長申請調查教師不當管教行為，調查小組認定教師確有不當輔導與管教情事，但考核會決議不懲處。然而，校長仍核定申誡一次，教師不服申訴後，該處分被撤銷。隨後，考核會多次開會，仍維持不懲處的立場，但教育局認為應改變考核結果，逕行改核教師申誡一次。教師再申訴後獲撤銷處分，教育局不服，遂提起行政訴訟。

法院怎麼說？

依教師考核辦法第14條規定，考核會完成初核後，應報請校長覆核；若校長不同意初核結果，應敘明理由送回考核會復議，若復議結果仍無共識，校長才可自行變更並註明事實及理由。因此，校長逕行改核的前提，是考核會經過復議後仍有爭議，才能依法改核。

教師平時考核程序為：學校考核會初核、校長覆核後，報主管教育機關核定。主管機關負責行政監督，具有實質審查權，若認為考核結果違法或不當，應敘明理由要求學校重新報核；若學校未依期限重新考核，主管機關可直接改核，並追究相關人員責任。即使學校重新考核，若主管機關仍認有違法或不當，仍可逕行改核並說明理由。

本案中，歷經多次考核會決議不懲處，且申評會亦撤銷懲處決定，教育局應綜合所有證據，詳細審查調查報告是否有錯誤，而非僅憑調查小組的專業判斷直接改核。此過程亦應尊重考核會及申評會的專業判斷與多元意見，以確保考核程序的公平與正當性。

● 實例2　改核成功

學校接獲教育局轉知的檢舉案，指稱建宏因電腦關機方式與學生發生爭執，並拉住該生領口，疑似導致學生受傷。經校園事件會議認定此為一次性偶發事件，但學生後續至身心科就診，顯示確實受到影響。案件隨後移送考核會審議，考核會決議要求建宏於一年內接受兩小時以上的正向管教研習訓練。然而，教育局退回並要求學校重新審議，學校仍維持原決議。最終，教育局逕行改核，對該建宏處以申誡一次。

申評會怎麼說？

建宏涉及的師生衝突事件，經學校考核會審議後，決議不予懲處，但要求建宏在一年內接受至少兩小時的正向管教研習。然而，地方政府社會局認定該建宏對學生的不當對待行為已違反兒少權法第49條第1項第15款，並依同法第97條裁處新臺幣六萬元罰鍰。教育局考核會進一步考量，認為建宏確實對學生有肢體接觸，已逾越輔導管教的界線，且違反《兒少權法》並遭裁罰，因此決定給予申誡一次的處分，認定此處分具有正當依據。

教育真心話

從幾個與考核會相關的判決或評議結果來看，法院對考核會的尊重程度與對教評會相當。只要「程序」與「實質內容」沒有明顯錯誤或違法，基本上考核會的決議即具有法律效力。

雖然機關首長或主管機關基於監督權限，確實可以對考核結果進行改核，但這必須建立在客觀事實的基礎上，而不能單憑主觀感受決定是否改核。因此，學校的機關首長與人事主管應特別注意，確保考核程序的公正性與決議的合理性，以避免後續的爭議與法律風險[75]。

---

[75] 「……由上述考核辦法規定可知，公立國民中學辦理教師年終成績考核，須就教師之整學年度教學、輔導管教、服務、品德生活及處理行政等情形，覈實辦理所屬教師之成績考核，綜合評定其考核成績。至於年終成績考核程序，須由學校所組成之考核會先進行初核，報請校長覆核，再報主管機關核定之；惟基於校長負有學校經營及運作之責，為使權責相符，順遂校務推展，故賦予校長對於考核會作成之決議有交回復議及變更的權限，惟校長變更考核會之復議結果時，應敘明改核之事實及理由。又依考核辦法第14條第1項規定，校長對於教師的成績考核有交回復議及改核權，而教師的成績考核及平時考核獎懲具高度屬人性，關於教師教學、訓輔、服務、品德生活及處理行政事務的品質優劣，涉及教育專業領域知識，行政法院受理此類行政爭訟事件，對學校本於專業及事實真相之熟知所為的判斷，固應予以適度的尊重而採取較低的審查密度，然學校對教師的成績考核或獎懲決定，如有判斷出於錯誤的事實認定或不完全資訊、或有與事物無關的考量，違反平等原則及違反一般公認的價值判斷標準而有判斷濫用者、或組織不合法、未遵守法定正當程序、未予當事人應有的程序保障等違法情事者，行政法院仍應依法予以撤銷。……」（參考來源：高雄高等行政法院高等行政訴訟庭第二庭112年度訴字第296號判決）。

參 為何需有迴避制度？

迴避制度的設計初衷，是確保行政機關在做決策時能夠保持公正與客觀，避免因涉及自身利益而影響判斷，導致決策結果失衡或引發爭議。目前，迴避的相關規定分散在不同的法規中。

在教育領域有教育人員任用條例第32條、教師申評會組織及評議準則第22條、教評會設置辦法第9條、考核會組織辦法第18條、高中以下教師解聘辦法第53條第3項、第59條、校園性別事件防治準則第22條第3項等等規定。那是否只有明文規定時才需要迴避呢？其實不然。學校作為行政機關，即使沒有特別的迴避規範，仍須適用通用法規，即行政程序法第32條[76]與第33條[77]，確保決策的公正性。

迴避事由可分為絕對事由與相對事由。絕對事由是指應迴避的人，自一開始就不得參與決定的程序，而相對事由是屬於申請迴避，原則上由申請者舉證在無迴避下，程序之進行或結果將產生偏頗之虞，至是否有偏頗，應依一般社會通念，合理判斷之。

接下來，我們將探討幾個因未適當迴避而導致學校處分被撤銷的案例，以了解迴避制度在實務上的重要性。

※事件93　專審會委員與申訴評議委員不得重複！

期中考自修課時，建宏進班監督學生，但班級秩序混亂，小豪朝建宏丟擲紙團，教師情緒失控，以拳頭敲擊小豪背部三下。經調查小組調查並提交校事會議，認為建宏有改善空間，學校遂申請縣級專審會輔導，專審會認定輔導有效。但縣政府考量教師體罰學生及班級經營不佳的事實，建議記過兩次。建宏不服申訴至縣級申評會遭駁回後，向教育部申評會提起再申訴。

申評會怎麼說？

再申訴評議委員會調查後發現，縣級教師申評會中有兩位委員，曾參與縣級專審會，審議該教師的輔導案及結案報告。隨後，這兩位委員又參與該教師的申訴評議，並做出駁回申訴的決定。

再申訴評議委員會認為，這兩位委員曾參與專審會審議，後又參與該教師針對懲處建議提出的申訴評議，難以確保評議的公平性，已違反迴避制度的精神。由於申訴評議決定涉及具有利害關係的委員，恐影響縣級申評會的決議適法性，違反相關規定。因此，縣政府所作的原申訴評議決定有誤，應予撤銷。

※事件94 什麼是有具體事實足認有偏頗之虞？

地方政府教育局接獲學生連署陳情，指控志豪疑似不當管教，並要求調查。學校成立調查小組後，認定志豪並無不當管教情事，反而發現連署書是由建宏預先準備，且未充分告知學生內容、影響及目的。校事會議討論後，認為建宏的不當行為損害志豪聲譽，遂移送考核會，並決議對建宏記過1次。

法院怎麼說？

建宏提出要求考核會內部分教師應該要迴避，但學校考核會討論後，認定部分考核委員無須迴避。然而，法院審查後認為建宏與部分考核會委員曾互相提告，並向教育局陳情，在此情況下，依一般社會通念，難以期待這些委員在記過案的決議過程中保持公正。因此，考核會不讓相關委員迴避，已違反法律規定。建宏提出迴避申請卻未獲准，違背

《考核辦法》保障程序公正性的原則，使該決議程序存在嚴重瑕疵，由於記過處分未遵守正當法律程序，屬違法，應予撤銷。

教育真心話

相較於行政程序法第32條以「關係」作為迴避的標準，第33條則是以較不明確的「事實」來判斷。因此，當教師依第33條申請迴避時，應全面考量所有相關事實，並依一般社會通念做綜合評估。否則，若案件實質上應予懲處，卻因程序瑕疵遭法院駁回，不僅影響處理結果，還需重新開會補正程序，徒增行政負擔與資源浪費。

76 第32條：公務員在行政程序中，有下列各款情形之一者，應自行迴避：一、本人或其配偶、前配偶、四親等內之血親或三親等內之姻親或曾有此關係者為事件之當事人時。二、本人或其配偶、前配偶，就該事件與當事人有共同權利人或共同義務人之關係者。三、現為或曾為該事件當事人之代理人、輔佐人者。四、於該事件，曾為證人、鑑定人者（關於證人部分同時可以參考台中高等行政法院高等行政訴訟庭113年度訴字第23號判決）。

77 第33條：公務員有下列各款情形之一者，當事人得申請迴避：一、有前條所定之情形而不自行迴避者。二、有具體事實，足認其執行職務有偏頗之虞者。

肆 陳述意見的權利

陳述意見制度的設計，主要是讓行政機關在決策前，透過程序參與來確保決定的正確性，符合依法行政的原則。同時，也能讓當事人了解其意見已被考量，提高對決定的信服度，減少爭議與對立。教評會設置辦法第11條規定教師有出席陳述意見的權利，教師考核辦法第20條則明確要求，若涉及第4條第1項第3款的懲處，應通知教師到場說明。此外，若法規未特別規定，教師法施行細則第9條也要求，凡涉及教師工作權的決議，應適用或準用行政程序法第102條、第104條，確保教師有表達意見的機會。接下來我們來看看幾個實際案例吧！

※事件95　教評會審議過程，可以委託律師當代理人嗎？

建宏因為校園性別事件，經調查完畢、教評會審議後決議解聘，但在教評會開會期間的程序上違誤致建宏的權益受損。

教育部怎麼說？

根據教師法施行細則第9條，學校在審議解聘、不續聘、停聘、資遣等案件時，應適用或準用《行政程序法》的陳述意見規定，確保當事人有機會表達意見。由於這類案件涉及教師的身分與工作權益，學校應在教評會決議前，除非法律另有規定，皆應書面通知當事人，並提供其申辯機會。此外，為確保教評會能作出公正決定，與當事人有利的證據應充分呈現於會議中，且學校可允許當事人委任第三人（律師）陪同或代為陳述，惟詢答結束後須依議程規範退席。若學校考量議事流程順暢，應於書面通知時說明議程規範與時間限制，並由主席在會議開始時提醒相關注意事項，以維持議事秩序。

教育真心話

教育部近期的函釋特別強調教評會審議教師時的程序保障，包括陳述意見的權利及律師陪同等規定，學校在處理相關案件時，務必要重視這些程序。然而，隨之而來的問題是：教師應該獲得多少準備時間來陳述意見？這點至關重要，因為時間過短可能影響教師的準備與申辯權益。讓我們接下來再透過其他事件，看看法院對此是怎麼判斷的。

※事件96　須給教師充足的時間準備答辯，才符合正當程序原則！

建宏在校園性別事件中，性平會原先決議留職停薪1年，並須完成性別教育課程與諮商。後來，教育部收到建宏的刑事判決後，轉函學校重新調查，學校性平會於106年12月8日開會，考量判決內容後，決定移送教評會處理。隨後，學校系教評會於12月11日上午10點、院教評會於當日中午12點10分相繼召開，決議解聘建宏並限制1年內不得聘任為教師，同年12月13日，校教評會也做出相同決議。

法院怎麼說？

學校於12月5日及6日以電子郵件通知建宏參加12月11日系、院教評會及12月13日校教評會的開會資訊。然而，這些通知皆「早於」12月8日性平會決議修正調查報告並建議移送教評會之前寄出，導致建宏無法預先知悉性平會決議內容，亦無從理解自身可能面臨解聘的風險。雖然通知中載明建宏可提供書面陳述意見，但在對開會原因不清的情況下，教師根本無法有效準備答辯，形式上雖符合程序，實質上卻剝奪了建宏的權利。

此外，性平會決議修正調查報告的時間為週五（12月8日），建宏未獲通知而未能參與，更無可能在隔週週一（12月11日）的系、院教評會前，申請閱覽並準備回應。即使在12月11日會議後得知報告遭修正，也未必能及時取得完整內容，更遑論在僅剩兩天內（12月13日校教評會前）完整審閱、分析差異並提出具體答辯，顯然過於倉促。

因此，學校未能在會議前提供建宏完整資訊，使其無法在受重大懲處（解聘）前，行使應有的書面陳述權，違反正當程序原則。

教育真心話

由這則事件可以發現到程序保障的關鍵問題——程序不只是形式上的告知，而是要確保當事人有實質行使權利的機會。

雖然學校可能已經「通知」當事人可以陳述意見，但若時間過於倉促、資訊提供不完整，當事人根本無法有效準備，這樣的程序形同剝奪權利。因此，給予合理準備時間是關鍵，個人建議至少10天（含假日）以上，若能比照上訴期間20天（含假日），則更為妥適。

此外，關於教師考核，考核辦法第4條第1項第3款規定「留支原薪但不得晉級」，這是一種懲罰，因此要求教師出席陳述意見。但若是第4條第1項第2款（僅影響半個月獎金與晉薪一級）則未明確規定是否需要陳述意見。然而，從校園文化來看，若教師的年終考核被評為第2款，仍可能引發不滿，這時學校考核會若能比照第3款的程序，讓教師有機會出席陳述意見，不僅能提升程序公正性，也更能讓受考核人信服結果，達到陳述意見制度的原始設計目的。

伍 設立社會公正人士的目的？

在各種教育法規中，「社會公正人士」制度的設計，主要是為了引入獨立、公正的第三方，確保審議過程更加客觀、公平，符合公正審判的標準。這裡所謂的「公正性」，並非指社會公正人士必須完全與教育界無關，而是指在處理教育事務時，能保持不受外界質疑的中立性，避免受到利益衝突影響。

要勝任這個角色，社會公正人士必須對教育事務有一定的了解與觀察經驗，才能在審議時提供專業且具體的見解。若一個對教育事務完全陌生的人擔任此職，將無法有效履行其獨立判斷的責任。如果某些應當設有社會公正人士的決議程序，卻未實際設置，或是表面上設有、但實際上該人士並不具備公正性，整個決議程序將可能被認定違法而遭到撤銷，這點不容忽視。

※事件97 督學可以擔任社會公正人士嗎？

建宏在擔任校長時被查明涉及婚外情行為不檢而被認定為「不適任校長」，經國民中小學校長遴選委員會審議[78]後，決議解除其校長職務，並改回任教師。建宏不服，主張遴選委員會的組成有瑕疵，因此該決議應被撤銷。一審法院判決建宏勝訴，認定程序確有問題。對此，縣政府不服該判決，隨後提起上訴，案件進入二審審理後被駁回。

法院怎麼說？

校長遴選委員會由家長會代表、專家學者、教師、校長代表及縣府代表等成員組成，目的在於透過多元觀點，評估校長候選人的教育與行政能力，確保選任適任校長。同時，當校長被認定不適任時，亦須經委員會審議，以凝聚共識，作出公正決定。然而，本次遴選委員會組成發生爭議。

其中兩位委員為縣府聘任的榮譽督學，主要負責教育諮詢與訪視工作，這使他們的角色可能與縣府代表產生混淆，恐影響獨立性。由於榮譽督學與縣政府存在聘任關係，依一般社會觀感，難以確保其決策不受縣府影響，進而影響其作為「社會公正人士」的資格。基於此，本院認定遴選委員會的組織存有瑕疵，違反遴選要點相關規定，進而撤銷該決議，確保程序公正性。

※事件98　法律顧問可以擔任社會公正人士嗎？

系主任向學校通報，指稱建宏在執行職務時對其使用威脅性言詞攻擊、侮辱、謾罵，甚至拍桌怒罵，且事後仍散布不實謠言。學校依規定組成專案處理小組進行調查，並認定建宏確實有職場霸凌行為。建宏對此調查結果不服，向教師申訴評議委員會提出申訴，惟委員會審議後作成「申訴無理由」之決定，建宏不接受該決定，進一步提出再申訴。

申評會怎麼說？

在本案學校聘任的常設法律顧問（律師）擔任學校申評會的社會公正人士。雖然相關法規未明確禁止法律顧問擔任該職務，但該名律師平時站在學校立場，提供法律意見或代理學校處理紛爭，其職務功能與申評會應保持公正客觀的立場明顯衝突。一般社會通念認為「社會公正人士」應具備獨立、公正的第三方角色，不應與學校有直接利益關係。因此，學校申評會的組成存在程序瑕疵，該評議決定應予撤銷。

教育真心話

從以上判決可見，法院對「社會公正人士」的標準十分嚴格，核心原則是必須與會議的主責機關（如縣政府、學校）無任何職務上的關聯，確保審議的公正性與獨立性。因此，若需遴聘社會公正人士，建議優先考慮來自其他學校的人選，甚至跨縣市聘任，以降低利益衝突的疑慮，避免影響決議的合法性。

78 教育部於113年5月10日公布國民小學及國民中學校長不適任事實調查處理辦法，並於同年8月1日施行，其內容已經取代了本案中校長遴選委員會的功能。但因為本段的重點是「社會公正人士」，因此仍依照當初的判決放入本文中。

陸 學校對學生有賠償責任嗎？

學校對於學生的賠償責任有兩種，第一種是基於《國家賠償法》的賠償責任，第二種是基於民事關係的僱用人賠償責任。

一、國家賠償責任

學校需負國家賠償責任的情況包括：**校舍維護不當導致師生受傷**[79]，或**教師執行職務侵害學生權益**（如體罰、不當管教等）[80]。若屬教師行為，學校可依法向其追償相關費用。因此，學校不僅負有管理責任，亦須確保環境安全與教師行為合規，以免衍生法律責任。讓我們來看幾個例子就會發現，原來學校國家賠償責任的守備範圍這麼廣！

※事件99 正式教師犯錯了，學校要連帶負責嗎？

建宏在任教期間，利用職務之便於例假日及寒暑假強制學生到校練習比賽，並多次實施違反其意願之性別事件行為，最終經法院判刑確定。家長因教師對學生的性別事件，導致學生權益受損，遂對該教師所屬學校提起國家賠償訴訟。

法院怎麼說？

建宏以班級導師身分，於例假日及寒暑假期間要求學生到校練習比賽，並趁機對其實施不法行為，因發生地點在校內且屬教學活動範疇，不因假期而有所不同。該侵權行為與教師職務間具直接、內在且密切關聯，屬於執行職務時違法侵害學生性自主權，符合國家賠償法第2條第2項規定，學校應依法負擔國家賠償責任。

※事件100　社團教師犯錯了，學校要連帶負責嗎？

嘉義市立國中的未受聘指導教練建宏，在指導羽球社以及對外比賽期間對學校的學生有校園性別事件發生，後經學校性別平等委員會認定有校園性侵害的行為。

學校主張

建宏並非正式聘任之社團指導老師，僅在社團活動期間與學生切磋球技，未領取聘書或津貼，屬於義務性無給職，且社團活動屬課外輔導，非正式課程。即使法院認定建宏具公務員身分，涉案行為係於校外發生，與羽球社教練職務無關，且學生參與活動屬自願，非教育高權或公權力之行使，《國家賠償法》不應適用。此外，建宏於假日取得家長同意後才帶學生離校，發生性別事件，學校無法監督非上課期間之行為，亦無選任或監督上的過失，故不應負國家賠償責任。

法院怎麼說？

本院認定社團課程為正式課程，因為「團體活動課」屬於學校表定課程，學生無法選擇不上課，因此參與社團具有義務性，屬於教育高權的行使與公權力行使的範疇。據此，教練應被視為廣義公務員，在正式課程中指導學生，代表學校進行教學與選手培訓，屬於公務行為。學生在校外練球亦被視為校內羽球隊訓練的延伸，而教練利用此機會對學生實施性侵，屬於執行職務時的侵權行為。基於《國家賠償法》規定，學校應與教練共同負擔賠償責任。

教育真心話

綜合上述案例，法院的實務見解顯示，只要是在正式課程內任教的教師，不論是正式教師、代理教師、兼課教師，甚至是義務指導但負有教學責任的教練，都會被認定為廣義的公務員，因此適用相關法規，學校可能需負國家賠償責任。然而，若是課後社團指導老師，因不屬於正式學校教學體系內的教師，而僅是借用學校場地進行教學，其性質類似安親班或才藝班，即便在校內發生侵權行為，學校通常不會被認定需負國家賠償的連帶責任。

※事件101 學校幫教師國賠後，學校能向教師請求該金額嗎？

建宏為學校的羽球教練，其利用教學之際對學生為校園性別事件行為。學生之法定代理人依《國家賠償法》向學校與建宏請求國家賠償，後經判決確定建宏與學校應共同學生負起連帶賠償責任，金額共90萬餘元。

法院怎麼說？

當教練在執行職務、行使公權力時，故意不法侵害學生，學校應依《國家賠償法》賠償受害學生。學校與教練對此賠償債務負有連帶責任，一方賠償完畢，另一方即免除義務。此外，依國家賠償法第2條第3項規定，若公務員因故意或重大過失造成損害，賠償義務機關（學校）可在賠償完畢後，對該公務員進行求償。

因此，本案中，建宏的行為屬「故意」侵害學生權益，學校在履行賠償責任完畢後，仍可依法向教練追償已支付的賠償金額。

教育真心話

需要注意的是國家賠償法第5條規定如《國賠法》沒有規定到的，可以適用《民法》，如侵害生命權、侵害身體或健康的損害賠償；侵害生命權、侵害身體、健康、名譽或自由的慰撫金[81]；對物毀損的損害賠償及過失相抵等，在國家賠償事件上都可以適用。但學生與家長是無法「同時分別」向教師與學校提出賠償訴訟試圖獲取雙重賠償，因為國家賠償責任與公務員個人責任間具有連帶性，一方履行賠償義務後，另一方即免除責任，避免重複給付（不當得利）的情況發生。

二、民事賠償責任

國家賠償是公務員行使公權力而造成學生損害時，學生與家長可依《國家賠償法》提出賠償訴訟。但如果教師的行為不涉及公權力而造成學生損害時，那要如何賠償學生呢？此時就會回到《民法》侵權行為的基本規定，學生與家長除可依照民法第184條向教師請求因為其行為而造成損害的賠償，同時為確保提高拿到賠償的機會，也可依民法第188條向教師的僱用人（也就是學校）提出連帶賠償責任，以確保所受損害可以順利獲得。

※事件102 教師出事了，學校需要連帶負民事責任嗎？

建宏在學校的理工三館旁，發現已死亡之果子狸屍體，即與志豪及冠宇共同前往處理，但建宏疏未注意遵循正確操作流程，先將乾草鋪於該果子狸屍體上，並以打火機點燃衛生紙引燃乾草後，提起裝有酒精的塑膠桶，直接朝其上傾倒酒精，引發桶內爆炸，使志豪遭酒精及火焰噴濺而全身著火，受有嚴重傷害。

法院怎麼說？

本案建宏的行為與公權力無關，也不涉及公有設施管理問題，因此不適用《國家賠償法》，而應依《民法》處理。由於建宏因疏失導致志豪受傷，依法應負侵權行為的損害賠償責任，志豪可依《民法》向教授請求賠償。

雖然建宏在教學和研究上擁有較高的自主性，但仍受學校管理，並非完全獨立的承攬關係。因此，建宏是學校的受僱人，而學校則是其雇主。而本案中建宏的行為與其教授的職務有關，依據民法第188條第1項，學校應與建宏共同承擔賠償責任。

教育真心話

除了國家賠償外，若教師的行為「不屬於」公權力行使，但仍侵害學生權益，受害人也可以透過民事訴訟請求學校連帶賠償，以保障自身權益。不過，賠償制度的核心目的在於補償損失，而非讓受害人獲利，因此法律對賠償範圍有所限制，避免同一案件出現重複求償、賠償金額無限疊加的情況。

79 或是學校在管理上有欠缺，例如學校在施工時沒有做好安全防護或是警示，以致於教師或學生受傷而產生國家賠償責任。

80 這種是公務員在執行行為時對人民造成侵害，校園教師按《輔導與管教辦法注意事項》而負有管教責任，但當教師對學生的行為已經超過輔導與管教的界線而侵害到學生的權益時，例如不當管教、體罰或是性別事件，此時就可能會產生國家賠償責任。

81 又稱精神慰撫金、非財產上損害賠償、精神上損害賠償。是指當被害人因加害人的行為而受有精神上痛苦時，可以向加害人請求的賠償。慰撫金的請求以法律有特別規定為限，並不是所有的侵害都可請求慰撫金。例如民法第194條：「不法侵害他人致死者，被害人之父、母、子、女及配偶，雖非財產上之損害，亦得請求賠償相當之金額。」

柒 學校如何賠償教師的職業災害？

所謂的職業災害，依照職業安全衛生法第2條的定義：

「是指因勞動場所之建築物、機械、設備、原料、材料、化學品、氣體、蒸氣、粉塵等或作業活動及其他職業上原因引起之工作者疾病、傷害、失能或死亡。」

那校園裡是否會有職業災害呢？就讓我們看看以下的案例吧！

※事件103　校園裡的職業災害——修剪樹木不慎跌落地面

建宏為學校體育教師兼學務主任又兼體衛組長，因應颱風來襲，學校委由教師以及訓育組長修剪校園樹木，但未提供安全防護措施，致進行修剪工作時由樹上（高約2層樓、3公尺）跌落地面，受有顱骨骨折併顱內出血、廣泛性軸突損傷之傷害，經診斷確定為永久神經半失能，且終身無工作能力。

法院怎麼說？

根據《職業安全衛生法》的立法理由，其精神來自《經濟社會文化權利國際公約》，強調「人人都應享有安全與健康的工作環境」。因此，該法的保障對象不僅限於受僱勞工，還涵蓋更廣泛的工作者。最初，法律的適用範圍僅涵蓋約65%的工作者，後來參考美國、英國、芬蘭、瑞典、丹麥、韓國、日本、新加坡等國的相關法規，逐步擴大適用範圍，確保各行各業的工作者都能受到安全與健康的保障。根據現行法規[82]，雇主應確保作業場所的安全，防止工作者因高處作業而發生墜落事故。例如，在有墜落風險的環境中，雇主應要求工作者使用安全帶、安全帽等防護設備，或設置安全網，以維護其身心健康。

教師屬於《職業安全衛生法》所保障的工作者，因此學校應負有確保教師安全的法定義務。在颱風來襲前，學校應採取必要的防颱措施，而這些工作通常由學校人員負責。因此，修剪校園樹木可視為教師依職務而衍生的隨附行為，與工作內容具有相當的關聯性。

此外，教師因修剪校園樹木從約3公尺高處墜落受傷，學校未能依《職業安全衛生法》規定，提供必要的安全防護措施，也無法證明其已善盡防止危害的責任。因此，學校違反法定義務，導致教師受傷，依法應承擔損害賠償責任。

教育真心話

本案雖涉及私立學校教師，但根據法院對《職業安全衛生法》的解釋，無論是公立或私立學校，都有責任確保工作者擁有安全且符合衛生標準的工作環境。學校作為雇主，應履行職業安全保障義務，確保所有教職員工的工作環境符合法定安全標準，這是無可推卸的責任。

※事件104　校園裡的職業災害——過勞

莊老師為該校代理教師，受僱於學校並有勞工保險，負責授課、導師職務及課外活動指導。然而，他於109年11月24日因「無顯著外傷性死因、心因性猝死」去世。其家屬向勞動部申請職業災害死亡給付，但經醫師審查後，認為其疾病與工作無直接因果關係，並未符合職業病認定，因此僅能依普通疾病死亡辦理相關給付。

法院怎麼說？

法院重新計算莊老師發病前的加班時數，發現遠超過原本的統計數據，估算其發病前1至2個月的平均超時工時已超過80小時，顯示其工作負荷極高。同事證詞亦顯示莊老師經常感到疲累，且醫療紀錄無顯示異常病症，無其他可解釋其猝死的環境或個人因素。因此，依勞動部指引，其猝死與過勞有極強關聯。

過勞[83]判定須從醫學觀點綜合考量工時、工作型態及精神負荷，尤其莊老師除授課外，還兼任導師、帶隊比賽，承受高壓，身心俱疲。然而，勞動部並未親自調查，僅依學校提供的工時資料，未充分反映實際狀況，且未調查莊老師的完整工作內容與備課需求。職業醫學科醫師亦未全面評估其工作型態與精神負荷，判斷依據明顯不足。因此，法院要求勞動部重新審查，依判決結果作出適法的行政處分。

教育真心話

教師此份職業本質上屬於勞心又勞力，教師不僅僅是從事課堂教學工作，另外也對於學生負有輔導與管教的義務，尤其身為導師可能巡視早自習、監督打掃、盯學生午休、營造班級風氣、傾聽學生心聲、與家長溝通、收集表單等事項，甚至在某些偏鄉地區的學校，還得同時具備家庭功能，只差沒有喊老師是爸爸或是媽媽而已。

然而，許多懷抱理想進入教育現場的教師，最終卻在現實的壓力下疲憊不堪，甚至選擇離開。教育，不應該讓教師成為燃燒殆盡的燭火。再怎麼奉獻，教師也是血肉之軀，而非無限消耗的機器。希望這樣的悲劇不再發生，也希望社會能更珍惜、尊重每一位默默耕耘的教育工作者。

82 《職業安全衛生法》、《職業安全衛生法施行細則》、職業安全衛生設施規則第281條都有相關規定。

83 原文：過勞的認定，係從醫學觀點，考量腦血管及心臟疾病高風險勞工若長期睡眠不足，其疾病促發風險將增加，至於是否屬職業促發，須整體評估個案是否歷經異常事件、短期或長期工作負荷過重等三項危害因子。除工時是重要因素外，尚須考量工作型態及精神負荷等其他因子，並由職業醫學專科醫師就工作與疾病發生之因果關係綜合評估判斷。

捌　教師減授課程時數的條件為何？

◎事件105　教師兼職行政，想要減授鐘點該怎麼做？

建宏擔任工會支會理事長，原本享有減授課程時數的待遇，卻遭學校決議刪除。教師認為這項決議涉及不當勞動行為，因此向勞動部申訴。然而，勞動部的不當勞動行為裁決委員會裁定駁回其請求，教師不服此裁決，遂提起行政訴訟，尋求司法救濟。

法院怎麼說？

為了確保國民教育的順利推行，學校必須具備充足的教師人力與良好的教學品質。根據國民教育法第23條第2項規定，教師員額的編制可依據學生學習節數與教師授課節數來決定。此外，同條第1項授權中央主管機關訂定班級與教職員的編制準則，確保人力配置的合理性。

學校教師除了課堂教學外，還需協助推動校務運作。為了合理分配人力並維護教師的教學品質，部分承擔具體行政職務的教師，可以獲得減授課的待遇。但這項減授須符合以下條件：與學校行政業務直接相關，教師的減授課應與校務發展直接相關，例如導師或行政職等必要職務，才會有明確的減授規定。至於其他行政職務（如學科召集人等），則由學校視情況酌情調整。同時要經由校內行政程序決定，減授課的分配並非教師個人可自行決定，而須透過校內行政機制，在有限的課時資源內進行公平分配，以確保學生受教權與教學品質。

然而，根據教師工會的章程第7條規定，工會的職責主要在於維護教師權益與改善學校教育環境，這屬於抽象的目標，並不直接屬於學校校務運作中的具體行政業務。因此，單純擔任工會職務，並不當然符合減授課的條件。此外，學校的減授課時數每年固定且有限，需要透過校內正當程序分配，若無明確規則，減授課的排序可能導致部分教師無法獲得減授，影響公平性。因此，學校透過行政會議，並依多數決通過決議，未將工會支會理事長納入減授課名單，並不違反程序正義，也無法認定學校有不當勞動行為。

教育真心話

擔任教師會理事長這兩年，深刻感受到會議繁多（便當都吃膩了！）。校內教師會依教師法第39條設立，受《人民團體法》規範，依第40條規定，其功能包含維護教師專業尊嚴與自主權、協議聘約及準則、派代表參與聘任與申訴等法定組織。然而，我有不同的觀察角度。

學校教師會的影響力，取決於幾個因素。首先，學校氛圍若和諧，教師會角色自然較弱，因為行政已能妥善處理需求。其次，理事長的個人特質也會影響教師會的運作方式。因此，與其只強調法規賦權，不如思考如何促進學校內的尊重與善待，讓行政與教師間的關係超越對立，真正實現友善校園——不僅對學生，也對教師們而言。

本篇重點法條

《高級中等以下學校教師評審委員會設置辦法》
《公立高級中等以下學校教師成績考核》
《國家賠償法》
《民法》：第184條、第188條、第192條、第193條、第195條
《行政程序法》

後記

教師是職業？還是身分？

這個問題很有趣，是來自研習講師的提問。

我這學年的身分很多元，同時是爸爸、先生、導師、教師、輔導員，每個身分都讓我獲益良多。

在我當輔導員辦理的一場關於「經濟人類學」的研習中，教授提出一個問題來問我們，就是「教師是職業？還是身分？」，這問題的背後是要探討在工業化社會下，經濟體系與社會體系是否相互嵌合的問題，經濟人類學不是研究經濟體系本身，而是研究在這個體系下的人類行為與互動模式。

工業化發展的社會，你是員工，也是爸爸，但是員工跟爸爸不會同時出現在一個時間點，「員工」只會出現在工作場所，而「爸爸」只會出現在家庭。

當你以「員工」身分工作時，你是相吻合於經濟體系的運作；但當你以「爸爸」的身分從事家庭事務時，是吻合社會體系的運作。

這是現代工業化下專業分工的結果。

雇主不是要你的這個「身分／人」，而是要你的具有經濟價值的「勞動力」，這種與過去非工業化社會經濟體系與社會體系嵌合在一起的狀態不同。

在非工業化社會，例如早期粗耕、農耕或畜牧，你是農夫／牧人，也是父親，角色是重疊的，因為那是個自給自足的生活，生產只為了生活，有了多餘才去販賣獲取多樣的東西回來維持生活。重點不是勞動力，而是你這個身分，所以你是以自己是父親身分，在自己的農地／牧地而自己耕作／畜牧，為了自己的家庭生存下去，就是經濟體系與社會體系嵌合的樣態。

而勞動，是現代的概念。

回到一開始問題，那教師是職業？還是身分？

「職業」就是經濟體系的觀點，付出勞力就銀貨兩訖，透過法治制度來建構彼此的權利與義務，沒有規範就不用多做。就跟到便利商店買東西一樣，我拿東西，付錢給你，僅只如此。

如果你是超商店員，如果有人突然跟你說聲謝謝，你大概會嚇到吧？因為你認知到你們之間的關係「僅」建構在經濟交換條件下，不會有其他的關係存在。反之，你如果是顧客，也不會跟店員說謝謝，因為你的目標只是交易，不是攀附關係。

「身分」就是社會體系的觀點，自古以來教師被界定成身分，沒有銀貨兩訖的問題，是為了這個身分應盡的義務而為該為的行為，身為爸爸不會跟子女、另一半，銀貨兩訖或是法治規定吧！

這也解釋了我本身對於「教師」的困擾。

幾年來，教育部透過各式各樣不同的規定來規範教師的權利與義務，或是學校與教師的行為準則，這合乎於現代標準化、分工化的社會氛圍，也沒有錯，而這是對職業的期待。

但與此同時，卻也給予教師這個身分高度的期望，擔負起一定的社會責任（這個很重要，但也逐漸消退），這也沒有錯。

我相信當初會選擇當教師的人，或多或少會有些使命與熱誠，而這是對身分的期待。

這兩個概念本質上，在現代社會是難以在同一個時空下存在同一個人身上，因為我們是處在現代工業化社會的浪潮。

但教師呢？到底是職業？還是身分？

我們期待的是身分，但社會有時候給我們的是職業，有時又要我們的身分，無所適從與矛盾是這樣必然產生的結果。

舉幾個教育現場例子：

1. 學生到校不是為了打掃校園，是要讀書，打掃應該外包。
2. 國中生只要任四個領域及格就可畢業（很多國中都想辦法讓不應該畢業的學生畢業）。
3. 高中升大學只要看學力測驗、學習成果，獎懲、出缺席似乎都不是重點。
4. 沒有畢業也可以升大學。

這些大概就是教師從身分觀點看到的無奈，但如果從職業就不難理解，只要有辦法升學就好，其它的都不重要，那跟補習班應該沒有太大的差別。

混沌久了，突然覺得，好累！幾時是身分？幾時是職業？可能都快讓我們人格分裂。

仔細思考著內心的想法，這或許是我為什麼很不喜歡教師團體推動勞動節放假，因為他們認為教師是勞動者。而勞動就是現在工業化社會下給出的意義，是強調「勞動力」，就是強調你是在經濟體系下的一分子而放假。

我認為應該是教師節放假，因為對我來說教師是個身分，不是經濟意義的職業，放勞動節的意義與教師節是不同的。

何況，自古以來教師就是種身分，在師培時也強調教師身分的重要性，我們也一直強調著身分，所以才會產生這麼多的矛盾與衝突。

如果因此轉變成職業，那就是將教師身分轉化，姑且暫時用**異化**來形容吧！

這次的研習，讓我更認真去看我內心原本的糾結處，且找到一個可以解釋這個糾結的方法，突然茅塞頓開。人類學分析的視角與平常的法律文章，都是讓我自己可以在矛盾且分裂的教育職場上，知道何時以及如何踏下每一步。

最後謹致：

身處在現今臺灣社會的教師，似乎有同時在兩條溪流游泳的能力，一條是傳統對於身分的期待，另一條是現代社會對於職業的期待，目的是為了與分裂的社會，或是與分裂的自我對話。

與各位教師共勉之。

附錄

事件索引

第一篇 現在的教師必學法律嗎？

※事件1 已經事發10年以上的事情，我還必須負責嗎？（參考最高行政法院110年上字第215號判決）……032

◎事件2 教師偽造文書、詐欺不只違反刑法，還需另以「行為違反法規」處置？……036

〔實例1〕記錄不實（參考教育部中央申訴評議委員會再申訴評議書第1130090306號）……036

〔實例2〕偽造文書與侵占公益捐款（參考最高行政法院109年度判字第132號判決）……037

〔實例3〕詐欺與變造私文書（參考教育部中央教師申訴評議委員會再申訴評議書第1120029734號）……037

〔實例4〕違反善良風俗（參考臺北高等行政法院108年度訴字第141號判決）……038

◎事件3 教師不只要好好教書，還要注意親師溝通！（參考教育部中央申訴評議委員會再申訴評議書第1130028100號）……039

◎事件4 請長假休養不來上班，卻在校外兼職！（參考最高行政法院112年度上字第433號判決）……042

○事件5 導師刑事無罪，但是卻被解聘確定。（參考臺灣基隆地方法院110年度侵訴字第32號刑事判決／臺灣高等法院111年度侵上訴字第252號刑事判決）……044

第一部分 教師與學生之間的法律關係

第二篇 資訊素養只在課綱裡嗎？

◎事件6 教師可否公布學生的成績與排名？或請學生代為登錄成績？……057

〔實例1〕考完期中考後，可否向全班宣讀個人成績？……057
〔實例2〕教師登錄成績是否會侵害學生的隱私權？……057
〔實例3〕教師能否請「其他」同學協助登錄成績呢？……058
〔實例4〕教師能否公布學生成績與排名呢？……058
◎事件7 學校抽查聯絡簿或週記會侵害隱私權嗎？……060
◎事件8 可以隨意拍攝他人桌上的資料嗎？（參考臺灣嘉義地方法院112年度訴字第443號判決）……063
◎事件9 告訴他人同事的病情不行嗎？（參考臺灣台東地方法院113年度原簡字第29刑事判決）……065
＊事件10 學生趁老師不在，拍攝老師電腦裡的資料傳給母親和校長。（參考臺灣台北地方法院113年度簡上字第308號民事判決）……068
＊事件11 導師和家長關係緊張，在走廊交談的時候，學生能錄影嗎？（參考臺灣高雄地方法院鳳山簡易庭112年度鳳簡字第433號民事判決）……071
◎事件12 為了釐清學生的紛爭與突發狀況，我能在教室內安裝監視器？（參考台北高等行政法院110年度訴字第68號判決，另外本文也發表在法律百科網站）……074

第三篇　校園該依法行政還是道德勸說？

※事件13 使用陳述書或書面自省的目的及時機為何？（參考教育部國民及學前教育署108年6月17日臺教國署學字第1080064466號函）……086
○事件14 學生未依規定交作業，罰抄課文三遍！（參考臺灣士林地方法院111年度士國簡字第2號民事判決）……088
○事件15 罰站就是標籤化學生嗎？（參考最高行政法

院109年度上字第1195號判決）．090

○事件16　擔心學生罰抄負擔太大，改用罰款替代。（參考教育部中央申訴評議委員會再申訴評議書第1110102743號）……094

◎事件17　學生在課堂點菸，該怎麼辦？（參考教育部中央申訴評議委員會臺教法（三）字第1130057610號申訴評議書）．100

※事件18　學生帶摺疊刀，可以直接報警嗎？（參考臺灣高雄地方法院高雄簡易庭113年度雄秩字第80號裁定）……102

◎事件19　懷疑學生偷竊，我能直接搜書包嗎？（參考高雄高等行政法院判決高等行政訴訟庭第三庭111年度訴字第410號判決）．106

第四篇　校園中的違法處罰有哪些？

○事件20　學生提議罰抄課文改罰走樓梯，我該同意嗎？（參考臺灣士林地方法院111年度士國簡字第2號民事判決）……116

○事件21　罰抄課文的限度在哪裡？（參考教育部中央申訴評議委員會再申訴評議書第1130050058號）……118

○事件22　可以讓學生在密閉空間自我反省嗎？（參考教育部中央申訴評議委員會再申訴評議書第1120000036號）……119

○事件23　學生犯錯可以罰站但不能打雙手？（參考教育部中央申訴評議委員會再申訴評議書第1120120882號）……119

○事件24　體罰有分輕重嗎？（參考臺灣臺北地方法院112年度易字第867號刑事判決）．120

○事件25　學生認錯後，當眾打臉頰。（參考臺灣苗栗地方法院113年度苗簡字第210號民事簡易判決）……121

○事件26　午休結束後，可以用麥克風敲頭叫醒學生嗎？（參考臺灣花蓮地方法院112年度易字第249號刑事判決）……122

○事件27　學生互打，老師卻旁觀助陣！（參考臺灣高等法院112年度上訴字第2918號刑事判

決）……………………123
事件28 可以要求學生在下課時交互蹲跳嗎？（參考教育部中央申訴評議委員會再申訴評議書第1120034315號）……………123
事件29 幫學生拍照上傳、取綽號會構成霸凌？（參考臺北高等行政法院高等庭110年度訴字第1460號判決）……………130
事件30 學生行為不當，將陳述單貼在其他家長群組！（參考高雄高等行政法院高等庭111年度訴字第415號判決）……………131
事件31 學生未依要求收拾書包，直接把學生的東西丟掉！（參考教育部中央申訴評議委員會再申訴評議書第1130028100號）……137
事件32 學生課堂中趴在桌上，逼迫學生道歉！（參考教育部中央申訴評議委員會再申訴評議書第1120034315號）………138
事件33 球隊教練態度強硬要求學生練球！（參考教育部中央申訴評議委員會申訴評議書第1110104977號）……………139
事件34 公開指責學生作弊，要求學生到窗邊考試。（參考臺北高等行政法院高等庭112年度訴字第1009號判決）……………140
事件35 對學生有許多肢體動作（參考臺北高等行政法院地方庭112年度簡字第268號判決，另外也可以參考嘉義簡易庭（含朴子）113年度嘉國簡字第4號民事判決）……………141
事件36 要求學生利用午休在走廊補寫作業不行嗎？（參考嘉義簡易庭（含朴子）113年度嘉國簡字第4號民事判決）……………141
事件37 學生上課時未及時返回教室，當眾抽打學生。（參考臺灣新北地方法院112年度易字第1476號刑事判決）……………144
事件38 教師對學生的公然侮辱……………145
〔實例1〕貶低學生人格與社會評價（參考臺灣高等法院109年度上易字第379號刑事判決）．145
〔實例2〕以不當言詞辱罵（參考教育部中央申訴評議委員會申訴評議

委員會再申訴評議書第1130060130號）……146
〔實例3〕未考量學生個別差異的不當言行（參考教育部中央申訴評議委員會再申訴評議書第1130059127號）……146
〔實例4〕教學行為失當（參考教育部中央申訴評議委員會再申訴評議書第1130045562號）．147
◯事件39 教師對學生的誹謗（參考臺灣桃園地方法院112年度審易字第1283號刑事判決）．147
◯事件40 如果學生對於教師的行為沒有覺得不適，就不用負責嗎？（參考臺中高等行政法院地方行政訴訟庭113年度簡字第41號判決）……150
◯事件41 由地方政府裁決的不正當行為……153
〔實例1〕懲處過當（參考高雄高等行政法院高等行政訴訟庭第一庭113年度訴字第88號判決）：153
〔實例2〕不當管教行為（參考高雄高等行政法院地方庭112年度簡字第158號判決）．154
◯事件42 為什麼傷害兒童或是少年後，不能易科罰金而一定要坐牢？……155
〔實例1〕（參考臺灣新北地方法院113年度審簡字第897號刑事判決）……155
〔實例2〕（參考臺灣高等法院臺中分院110年度上訴字第1111號刑事判決）……155
〔實例3〕（參考臺灣臺南地方法院112年度易字第1210號刑事判決）……156
※事件43 學生無立即危險，教師卻毆打學生，為什麼不能減刑及緩刑？（參考臺灣高等法院高雄分院112年度上訴字第398號刑事判決）……157

第五篇　校園中的言論自由界線在哪裡？

※事件44 如果學生拒絕道歉，我該怎麼辦？…166
◎事件45 如果不遵守《性別平等教育法》中的道歉處分會怎樣？（參考臺北高等行政法院110年度簡上字第97號判決）……167

◎事件46 同事無故在群組中說我每次都遲到！（參考臺灣高等法院高雄分院112年度上易字第275號刑事判決）……173
◎事件47 透過電子郵件任意散播同事的私事！（參考臺灣臺中地方法院113年度易字第2170號刑事判決）……175
＊事件48 學生口出惡言時，該如何分辨是一時情緒或公然侮辱？（參考臺灣桃園地方法院112年度壢簡字第77號刑事判決）……178
＊事件49 學生在線上會議室公然發表侮辱性的不實言論！（參考臺灣臺中地方法院112年度中簡字第550號民事判決）……181
＊事件50 小學生口無遮攔辱罵教師，該如何處置？（參考臺灣臺北地方法院112年度簡上字第621號民事判決）……183
＊事件51 提醒學生勿於課堂上睡覺，學生卻捏造事實。（參考臺灣臺東地方法院民事簡易判決111年度東簡字第107號判決）……184
＊事件52 家長在聯絡簿中批評導師「是腦子不好使嗎？」（參考臺灣高雄地方法院鳳山簡易庭112年度鳳簡字第433號民事判決）……185

第六篇　如何正確執行學生獎懲辦法？

◎事件53 學生累計上課睡覺五次就可以記警告嗎？（此問題來自於網友提問）……202
※事件54 從法院的角度看獎懲制度的目的為何？（參考臺北高等行政法院110年度簡上字第52號判決）……204
※事件55 學生因病請假參加補考，成績卻因此打折，算是輕微干預嗎？（參考臺北高等行政法院109年度訴更一字第41號判決）……205

第二部分　校園日常裡的法律風險

第七篇　校園內的性別議題最麻煩？

◯事件56 「妳的身材比她好」令學生感到不安，會構成性騷擾嗎？（參考臺北高等行政法院高等行政訴訟庭第一庭111年度訴字第1253號判決）……221

※事件57 社群上影射護理人員的羞辱性言語，令他人感到不適。（參考最高行政法院109年度上字第1180號判決）……223

※事件58 教師捲入性騷擾事件後，質疑調查小組人員不具特教資格。（參考高雄高等行政法院111年度訴字第171號判決）……227

※事件59 性平事件公益檢舉人，能否擔任性平委員會委員？需要迴避嗎？（參考高雄高等行政法院111年度訴字第171號判決）……228

※事件60 性別事件中的證據認定標準為何？（參考臺灣高等法院臺中分院112年度侵上訴字第61號刑事判決）……231

※事件61 性別事件中，錄音或錄影能當作有效證據嗎？（參考臺灣高等法院臺中分院112年度上易字第386號民事判決）……233

◎事件62 任教之前曾發生過性別事件，會影響聘任嗎？（參考臺中高等行政法院高等行政訴訟庭第三庭112年度訴字第70號判決）……237

◎事件63 專業教練曾發生過性別事件，也會影響聘任嗎？（參考臺灣新北地方法院113年度訴字第1706號民事判決）……238

※事件64 託人轉送物品給他校同學，算是追求行為嗎？（這是發生在本班的實際例子，雖然沒有報警，但我覺得接近跟蹤騷擾的樣態，與各位分享）……246

※事件65 一有感情上的追求行為，就是跟蹤騷擾嗎？（蔡震榮（2022），《跟蹤騷擾防制法逐條釋論》，臺北，五南出版社，頁57。）……249

◎事件66 因單方過度追求，而演變成跟蹤騷擾的行為。……255

〔實例1〕可以易科罰金的跟蹤騷擾行為（參考臺灣臺中地方法院112年度簡上字第315號刑事判決）……255

〔實例2〕不可易科罰金的跟蹤騷擾行為（參考臺灣桃園地方法院113年度易字第555號刑事判決）……256

第八篇 教育現場常見的法律問題

◎事件67 不依課表上課，會影響考核嗎？（參考最高行政法院判決111年度上字第807號判決）……263

※事件68 家長在社群軟體上產生爭執，該如何處理？（參考教育部中央教師申訴評議委員會再申訴評議書第1120056278號）：265

◎事件69 早自修可以安排全班考試嗎？（參考國民小學及國民中學正常教學督導辦法以及教育部主管高級中等學校學生在校作息時間規劃注意事項）……268

◎事件70 自行統一幫學生訂考卷合法嗎？……269

◎事件71 巡堂紀錄表上記載了我的缺失，憤而將其撕毀、丟棄！（參考臺灣嘉義地方法院112年度訴字第443號刑事判決）……270

◎事件72 教師於教學上的創作成果，權利到底屬於誰？（臺灣嘉義地方法院113年度智聲自字第1號刑事裁定）……271

◎事件73 我的孩子在隔壁班就讀，藉機提高該班的分數。（參考高雄高等行政法院高等行政訴訟庭第三庭112年度訴字第248號判決）：274

◎事件74 未完成請假及調課程序，能離校處理事情嗎？（參考高雄高等行政法院高等行政訴訟庭第二庭112年度訴字第104號判決）．277

◎事件75 學生畢業後，該學期尚未結束，我能出國旅遊嗎？（參考教育部中央教師申訴評議委員會申訴評議書第1130071508號）：279

◎事件76 調課單簽核後，我能擅自塗改嗎？（參考教育部中央教師申訴評議委員會再申訴評議書第1120027167號）……281

※事件77 如果寒暑假不到校，需要付給他人代理導師費嗎？（參考教師請假規則、公立中小學未兼任行政職務教師寒暑假期間返校活動事項及日數實施原則）……284

※事件78 寒暑假或第八節課，師生都一定要上輔導課嗎？……285
◎事件79 寒暑假期間的校園活動，我沒兼行政職也要出席嗎？（參考自高雄高等行政法院111年度訴字第300號判決）……286
◎事件80 在非營利單位兼任董事，期滿前應重新申請。（參考臺北高等行政法院111年度訴字第781號判決）……290
◎事件81 在營利單位兼職授課，期滿前也必須重新申請核准。（參考臺北高等行政法院高等庭112年度訴字第1252號判決）……292
◎事件82 未即時通報校園事件，會怎樣嗎？（參考臺中高等行政法院判決高等行政訴訟庭第二庭113年度簡上字第4號判決。另外可以參考臺北高等行政法院地方行政訴訟庭第三庭113年度簡字第273號判決，這個被裁罰12萬）……294
◎事件83 通報對象錯誤，會怎樣嗎？（參考教育部中央申訴評議委員會再申訴評議書第1130007023號）……297
◎事件84 學生在我巡過的掃區打鬧，出事了我該負責嗎？（參考臺灣屏東地方法院105年度原訴字第15號民事判決，以及臺灣高等法院高雄分院108年度原上字第2號民事判決）……299
◎事件85 下課時，學生玩鞦韆不慎受傷，我該負責嗎？（參考臺灣新竹地方法院113年度國字第1號民事判決）……303
第九篇 校園內的行政程序注意事項
※事件86 教評會未查證當事人有利及不利的情形即做決議（參考高雄高等行政法院105年度訴字第425號判決、最高行政法院108年度判字第464號判決）……309
※事件87 教評會的表決過程怎麼進行才合理？（參考高雄高等行政法院高等庭112年度訴更一字第29號判決）……310

※事件88 教師被暫時停聘時，不得行使教評會及考核會職權。（參考教育部中華民國114年2月26日臺教授國字第1146000185號函）……312
※事件89 法院原則上高度尊重學校考核會的決議（參考最高行政法院109年度上字第991號判決）……315
※事件90 學期中可以因教師會解散而全面改選考核會委員嗎？（參考高雄高等行政法院109年度訴字第125號判決）……316
※事件91 開會時，票數算清楚才算數！（參考教育部中央教師申訴評議委員會臺教法（三）字第1130047341號申訴評議書）……317
※事件92 校長或教育主管機關可以更改核定考核會的結果嗎？……319
〔實例1〕改核不成功（參考最高行政法院109年度上字第1195號判決）……319
〔實例2〕改核成功（參考教育部中央教師申訴評議委員會再申訴評議書第1130053571號）……320
※事件93 專審會委員與申訴評議委員不得重複！（參考教育部中央教師申訴評議委員會再申訴評議書第1120104551號）……324
※事件94 什麼是有具體事實足認有偏頗之虞？（參考臺北高等行政法院高等行政訴訟庭第四庭111年度訴字第1449號判決）……325
※事件95 教評會審議過程，可以委託律師當代理人嗎？（參考教育部臺教人（三）字第1120113271號函（民國112年11月30日））……328
※事件96 須給教師充足的時間準備答辯，才符合正當程序原則！（參考臺北高等行政法院108年度訴字第220號判決）……330
※事件97 督學可以擔任社會公正人士嗎？（參考最高行政法院111年度上字第526號判決）……333
※事件98 法律顧問可以擔任社會公正人士嗎？（參考教育部中央教師申訴評議委員會再申訴評議書第1130061197號）……335

※事件99 正式教師犯錯了，學校要連帶負責嗎？（參考臺灣高等法院臺南分院111年度上國易字第1號民事判決）……337
※事件100 社團教師犯錯了，學校要連帶負責嗎？（參考臺灣高等法院臺南分院111年度上國易字第4號民事判決）……338
※事件101 學校幫教師國賠後，學校能向教師請求該金額嗎？（參考臺灣高等法院臺南分院113年度上國易字第4號民事判決）……341
※事件102 教師出事了，學校需要連帶負民事責任嗎？（參考最高法院112年度台上字第1783號民事裁定、臺灣高等法院花蓮分院110年度重上更二字第5號民事判決）……343
※事件103 校園裡的職業災害——修剪樹木不慎跌落地面（參考臺灣基隆地方法院113年度重勞訴字第2號民事判決）……346
※事件104 校園裡的職業災害——過勞（參考高雄高等行政法院地方庭112年度巡簡字第3號判決）……349

◎事件105 教師兼職行政，想要減授鐘點該怎麼做？（參考臺北高等行政法院109年度訴字第1564號判決）……352

國家圖書館出版品預行編目資料

關心學生，竟然官司纏身？教師專屬的法律諮商室 / 吳明潔著 .
-- 初版 -- 臺北市 : 三采文化股份有限公司 , 2025.07
面； 公分 . --（Focus ; 109）

ISBN 978-626-358-673-4（平裝）

1.CST: 教師 2.CST: 教育法規

522.023 114004258

suncolor 三采文化

FOCUS 109

關心學生，竟然官司纏身？

教師專屬的法律諮商室

作者｜ 吳明潔
兒編部 總編輯｜蔡依如 責任編輯｜吳欣蓓 行銷企劃｜杜雅婷
美術主編｜藍秀婷 封面設計｜謝孃瑩 美術編輯｜曾雅綾 插畫｜阿 Re

發行人｜ 張輝明 總編輯長｜ 曾雅青
發行所｜ 三采文化股份有限公司
地址｜ 台北市內湖區瑞光路 513 巷 33 號 8 樓
傳訊｜ TEL:8797-1234 FAX:8797-1688 網址｜ www.suncolor.com.tw
郵政劃撥｜ 帳號：14319060 戶名：三采文化股份有限公司
初版發行｜ 2025 年 7 月 4 日 定價｜ NT$420
3 刷｜ 2025 年 7 月 20 日

著作權所有，本圖文非經同意不得轉載。如發現書頁有裝訂錯誤或污損事情，請寄至本公司調換。 All rights reserved.
本書所刊載之商品文字或圖片僅為說明輔助之用，非做為商標之使用，原商品商標之智慧財產權為原權利人所有。

suncolor

suncolor